おとなに
なった
今だからこそ！

現代用語の基礎知識・編
おとなの楽習

IJINDEN

幕末の偉人伝

自由国民社

装画・長谷川義史
挿画・さくらせかい

あなたのヒーローを見つけよう

「歴史は人物で見るから面白い」これは誰もが思うことです。

教科書や資料集で見るような「〜の乱」や「〜事件」が並ぶ記述は歴史を整理する上では役に立ちます。しかし、そこに出てくる人物の説明はどれだけあるでしょうか。

坂本龍馬や勝海舟でさえ日本史の教科書ではわずかにしか出てきません。しかし、坂本龍馬は突然、「船中八策」を考えついたわけではなく、勝海舟も総攻撃間近の江戸城にいきなり登場して江戸の町を火の手から救ったのではありません。

彼らはそこに行き着くまでにさまざまな人生をたどって歴史の有名な場面に遭遇し、そして、歴史をつくっているのです。

本書は幕末オールスターともいえる幕末の有名人を取り上げました。皆さんの知っている「あの人物」が歴史の重大な場面に至る前にいったい何をしていたのか、それが分かれば彼らの考えていたことまで分かるかもしれません。

幕末の偉人の頭の中を覗いてみませんか。

1

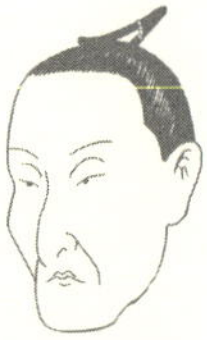

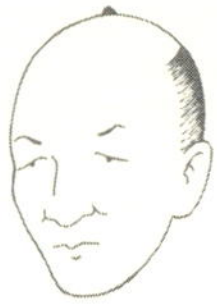

2

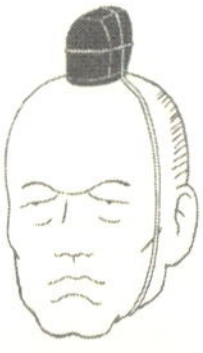

3

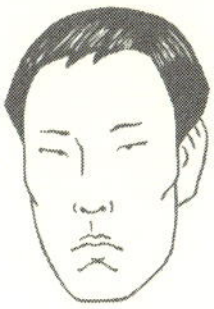

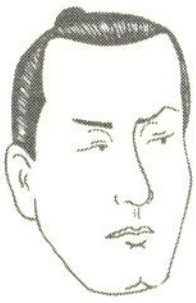

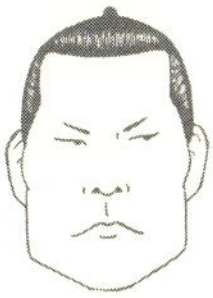

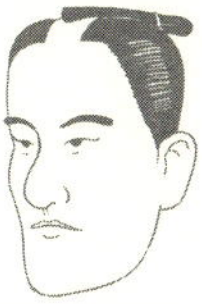

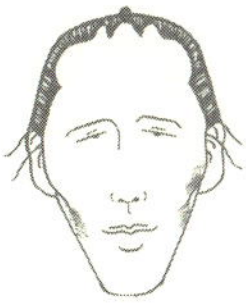

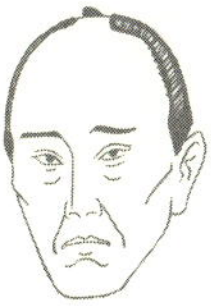

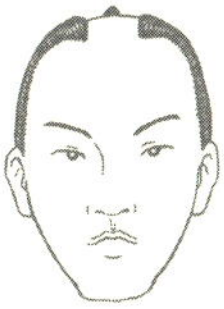

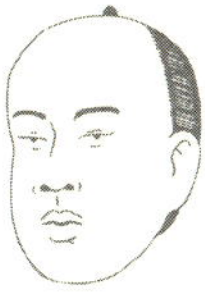

4

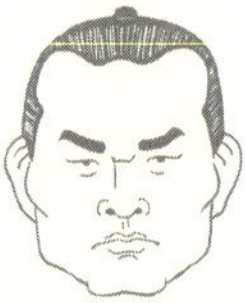

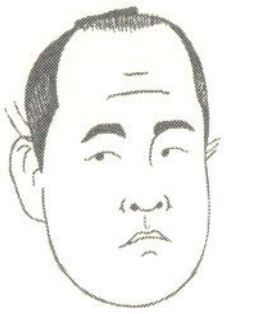

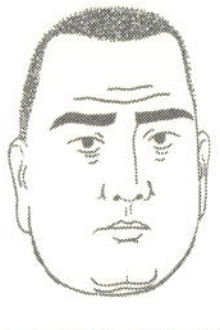

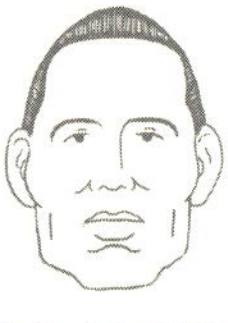

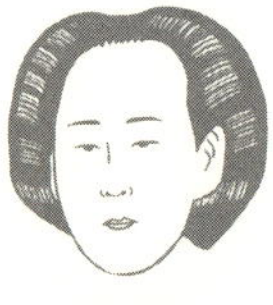

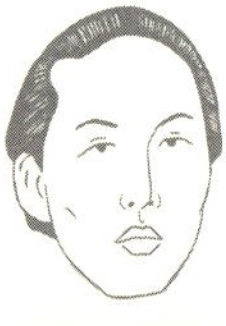

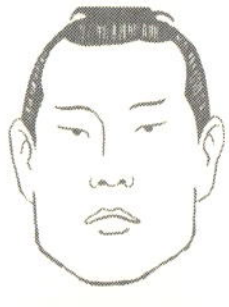

1

目覚めさせられた日本

200年以上鎖国の状態を続けてきた日本はペリー来航で揺れはじめます。ペリーが来る前にも開国の要求はありましたが、それらはいずれも要求というよりは提案といった穏やかなものでした。しかしペリーは違いました。黒船４隻を率いてやってきたこの東インド艦隊司令官は大統領からの親書を受け取らせるまでは絶対に帰らないと強硬な態度で日本にせまりました。幕府はやむをえず親書を受け取り、１年後の回答を約束します。その間、幕府をはじめ日本中が大騒ぎになります。町民から大名、公家《くげ》までが開国か攘夷《じょうい》かを議論し、尊王攘夷とよばれるスローガンも生まれました。幕府は開国を決意して和親条約を締結しますが、開国に反対する攘夷運動はその後も続きます。

ペリー来航はそれまで安定していた徳川幕府を揺り動かし、幕府が崩壊するきっかけになったことはたしかです。しかし、現代を生きる私たちは、幕府ではなく日本というもう少し広い視野でみることができます。日本がペリーに無理やり開国させられたのは事実ですが、海外の文化を積極的に吸収し、近代において飛躍的に成長するきっかけにもなりました。日本を守るため、発展させるためにさまざまな立場の人たちが意見をだしあい、行動を起こし始めた時期です。

「学問は学問のための学問にあらず」
命がけで学問を実践

吉田 松陰

よしだ・しょういん

1830年（文政13年）生まれ。長州藩士、思想家、教育者、兵学者。明治維新の精神的指導者。己の出世よりも自分の信念を貫いた生き方が自らの身を滅ぼした。享年30歳。

一念岩をも通すとは強い信念をもって事に当たればどんなことでも達成できるという意味ですが、吉田松陰の一念は凄まじいものでした。松陰自身は志半ばで死んでしまいますが、高杉晋作や伊藤博文など彼の門下生がその遺志を引き継いだと考えれば、まさに岩をも貫いた信念だったといえるでしょう。

神童だった松陰

松陰は長州藩の杉家に生まれました。6歳の時に叔父の吉田大助の養子となります。叔父が山鹿流《やまがりゅう》兵学師範であったために松陰も兵学師範としての将来が約束されますが、単に家柄のおかげで地位も安泰というのではない証拠に幼いときから秀才ぶりを発揮します。松陰は11歳のときに藩主の前で兵学についての講義を行い、周囲を感心させてしまうほどの実力を示すと18歳のときには免許皆伝を受けます。19歳で師範となり順調に出世コースを歩み、その後も旺盛な知識欲で九州、江戸と各地で兵学修行をします。そして江戸で佐久間象山に師事した時に転機が訪れます。彼は山鹿流の兵学者として免許皆伝を受けていながらも清がアヘン戦争で西洋に敗れると西洋兵学についての書物を大量に読みます。山鹿流兵法とは山鹿素行《やまがそこう》が江戸時代初期に著した兵法学であり、実践的兵法として評判が高く、各藩が取り入れていました。したがって山鹿流といえば由緒正しい兵法であり、藩内で塾を開いていればそれだけで門下生がこぞってやってくる立場だったのです。

留学のために密航を計画

しかし松陰の場合、そこに安穏と収まるつもりはありませんでした。「あの大国の清が西洋に敗れた、果たしてこれまでの日本の兵法で通用するのだろうか」そのような懐疑心を抱いたからこそ各地で研究に打ち込み、佐久間象山に西洋学を習い、これからは国内の学問だけにしがみつかずに西洋の学問も取り入れていく必要があると決心したのです。決心したまでは良かったのですが行動が早すぎました。1853年、ロシアからの大使プチャーチンの船に乗ってロシアに密航しようと計画しますが失敗、この時は単に船のほうが早く港を出たので問題にはならずに済みました。しかし、翌1854年にペリーの黒船で密航しようと弟子の金子重輔《かねこじゅうすけ》と共に船に乗り込みますが断られてしまいます。ペリーにとって密航に手を貸す理由はありませんし、何よりも「和親条約」を締結し

たばかりの状態でわざわざ日本側を刺激するようなことをするはずがありません。もう少し我慢すれば大手を振って留学もできたはずですが、学問は実践的でなければならないと強く考えていた松陰は思いたったが吉日、すぐにでも留学を実行しようとして失敗してしまいました。

獄中でも学問

断られてやけになったのか、どうせ後で捕まるのならと自分で奉行所に自首し、後に長州藩に引き渡され投獄されます。普通であればここで、もうだめだと腐ってもおかしくありませんが彼の場合は違いました。なんと獄中で年間500冊以上の書物を読破すると同時に塾まで開きます。牢屋の中で塾を開くのですから生徒も牢屋にいる囚人です。エリートコースから転落し、投獄されて自分にどのような処罰が下されるか分からないような状態の中で学問を続けるのはすごいことですが、それだけではなくなんと彼は囚人にまで学問を教え、彼らに生きる希望を与えていました。松陰にとっては己の出世よりも自分の信念を貫くほうが大事なことだったのでしょう。この間に松陰自身も尊王攘夷の思想を固めます。

松下村塾を開く

そして1年の投獄生活の末に今度は幽閉されます。牢から出されて実家の杉家に閉じ込められたのです。しかし、ここで松陰は松下村塾《しょうかそんじゅく》を開き、高杉晋作や久坂玄瑞、伊藤博文、桂小五郎などを育てることになります。松陰といえば松下村塾というぐらい有名ですが、この松下村塾、実は１年ほどしか開講していないのです。正確には松陰の叔父が開いており、明治になってからも続いているので松陰が関わったのが１年ほどというべきでしょうか。ともあれ、松下村塾では松陰が一方的に教えるのではなく、塾生と議論しあうかたち、今でいう「ディベート」のようなことを中心にしていたようです。ただ教えるだけでなく自分で考えさせ、議論しあう。また学問だけでなく水泳や山登りといった運動も弟子と師匠が一緒になって取り組む、こういった教育が明治維新の原動力となって強力な尊王攘夷、尊王討幕思想を育てたといえます。しかし、せっかく幽閉の身を経験した松陰ですが 1858 年、日米修好通商条約が締結されると幕府の弱腰に怒り心頭し、老中暗殺計画を立てます。これが原因で再び投獄され、1859 年に処刑されてしまいました。享年 30 歳、その激しい思想と行動は自らの身をも滅ぼしてしまいました。

「世に俺ほどの者はいない」
卓越した才能と傲慢さが同居した学者

佐久間 象山《さくま・しょうざん》

1811年(文化8年)生まれ。松代藩士、兵学者、思想家。大秀才はちょっと変わった人間…?自信過剰で傲慢なところがあり、それ故に敵も多かったようだ。享年54歳。

世の中にはたまにとんでもなく頭のよい人がいます。それが生まれつきどういう頭の持ち主なのかは分かりませんが、とにかく生まれた後も努力しなければ学問が身につかないのは確かです。佐久間象山はとんでもなく頭のよい人間でした。彼は天才とよばれるよりも大秀才と言われるほうが多いようですが、とにかく幅広く学びます。儒学者として有名になるだけでは飽き足らず、砲術、造船、電気医療器具の製造、さらにはジャガイモの育て方からブドウ酒の作り方まで幅広く学びます。人間百科事典とまではいかないでしょうが彼ほど幅広く研究した人間もそうはいないでしょう。

頭のよすぎる人間はどこかおかしな部分があるというのは世間の偏見でしょうが、象山に限れば確かに当たっていたようです。というのは、彼は友人に手紙を書き「とにかくたくさんの女性を紹介してくれ」と言います。さらに「容姿はこだわらないが多産型の女性がいい」と言うのです。なぜかというと、「俺のような頭のいい人間は多くの子孫を残さなければならない、それが世のため人のためなのだ」というわけなのです。何か間違っているような気がしますが、こういう理由で象山には数多くのお妾《めかけ》さんがいました。

藩主と共に江戸へ

さて多才で変わり者の象山は松代藩の佐久間家に生まれました。儒学者として有名であった彼が藩政に乗り出すのは1842年、31歳のときです。藩主である真田幸貫《さなだゆきつら》が幕府から海防掛《かいぼうがかり》を担当するように命じられたので象山はその顧問となって海外の事情を調査します。そして「海防八策」を提案し、その中で西洋式の武器の開発と海軍の創設の必要性を説きます。日本が開国して実際に海軍創設などの海防に取り組み始めるのは1853年、ペリー来航以後のことです。象山の提案はそれよりも10年以上も前ですから先見の明があったといえます。

藩の産業活性化を指導

この時点では象山の案が実現されることはありませんでしたがこの後、象山は兵器学のみならず江戸で西洋文化を幅広く研究し、藩に戻って農工業などの産業の活性化に専念します。ただ、「世の中に俺ほどの者はいない」という自己顕示欲の強い人だったので上から下まで藩の役人と馬が合わず結局、藩を出て江戸で兵器学の研究に没頭します。彼は自分の手記に「20歳で自分が藩に必要な人間であることを知り、

30 歳では天下に必要な人間であることを知り、40 歳では世界において重要な人間であることを知った」と書いています。すばらしい自信過剰ぶりですが、それだけすごい人でも誰にでも好かれるわけではなかったようです。

弟子の不祥事に巻き込まれる

さて、自分を理解しない藩を捨て去り、江戸で研究者生活を始めた象山は 1851 年、私塾を開きます。ここで儒学や西洋兵器について教えますが、このときの門下生に吉田松陰がいました。吉田松陰は長州の尊王攘夷の思想的な先導者であって、その松陰を育てたといえば聞こえはいいのですが松陰が 1854 年に黒船に乗り込んで密航しようとした下田密航事件のおかげで象山まで国元での蟄居《ちっきょ》を命じられてしまいます。藩内での殖産興業に挫折したあと、江戸に出てきてからは老中の阿部正弘に見込まれて政策提言なども行い、いよいよ俺が世に出る時がきたと張り切っていただけに悔しかったでしょう。しかし、そこは世界の佐久間象山、簡単にはあきらめませんでした。

江戸でダメなら京都へ走る

1862 年、8 年もの蟄居生活を送った後ようやく赦《ゆる》されて自由になるとその 2 年後には京都に進出します。理由は幕府の実力者、徳川慶喜によばれたからです。これはチャンスとばかりに今度は、「朝廷は攘夷論を捨てて幕府と一体となって政治を行うべきだ」と公武合体を唱えます。8年の蟄居《ちっきょ》生活の間、彼はとにかく洋書を読みまくり研究に研究を重ね、「俺の開国論は正しい、これは世に広めねばばならない」という結論に達したのです。すばらしい才能と底抜けの自己顕示欲に脱帽です。佐久間象山先生は、「時代は流れるものであり、いまや攘夷と叫んでいるものは時代遅れだ、せっかく開国したのだから諸外国と交流を深め、もっとその先進文化を取り入れるべきである」と京都の公家を相手に説得してまわります。おっしゃることはごもっともですが脇が甘すぎました。当時の京都にはまだ攘夷派も多くうろついており、中でも熱狂的攘夷派だった連中につけ狙われ、刺殺されてしまいます。いよいよ50代にして世界の「ＳＨＯＺＡＮ」になろうというときに亡くなってしまったのでした。

「老中はつらいよ」心労で寿命を縮めた？
調整型のエリート

阿部 正弘

あべ・まさひろ

1819年（文政2年）生まれ。江戸時代末期の備後福山藩第7代藩主。27歳にして、重職老中のトップになる、エリートコースを歩んだ人生とは…。享年39歳。

調整型、調和型といわれる阿部正弘ですが将軍継嗣《けいし》問題では紀州徳川家の慶福《よしとみ》を推すグループと対立する一橋派の一人でもありました。ただ､熱心な一橋派というわけではなく「どちらかといえば一橋慶喜《ひとつばしよしのぶ》の方が…」というぐらいの考えだったようです。

エリートコースを歩む

阿部正弘は老中であった父、阿部正精《あべまさきよ》の六男として生まれます。正弘の他の兄達は一人を除いて早逝してしまっているので兄弟そろって体が弱かったようです。かろうじて家を継いだ兄の正寧《まさやす》も病弱で子がなく正弘が兄の養子となり、1836年に家を継ぎ福山藩主になりました。当時はまだ参勤交代の制度が機能しており、大名は江戸と国元を行ったり来たりの生活を送っていましたが、阿部家のような代々幕府の重職を担うような家の藩主はほとんど江戸で生活するのが常でした。

正弘も藩主となって、江戸に赴き幕府では寺社奉行という重要な役職に就き、藩内の政治は国元の家老たちに任せていました。寺社奉行とは寺院と神社およびそれらの領地について管理、取り締まりをする役職であり正弘はエリートコースを歩んでいたといえます。

最初は開国に反対

彼がスポットライトを浴びるのは 1853 年のペリー来航のときでした。翌年には開国に踏み切った阿部ですが最初から開国派というわけではありませんでした。1844 年、オランダ国王が日本に開国するように親書を送ってきます。背景はアヘン戦争で清が英仏の連合軍に敗れたことにありますが、そもそも日本では親書さえ受け取るなという声がありました。幕府は 1639 年、鎖国するときに清、オランダとだけは長崎の出島で貿易をすることを認めていました。ただ認めていたのは貿易、つまり通商だけで通信は認めていないというのです。したがって、親書は受け取るなというのです。オランダと政冷経熱（経済交流は盛んだが政治的関係は良好でないことをさします）の状態にあったのがいきなり親しくなるはずもなくオランダ国王の勧告に対して、「開国はしない」という拒否の形で返答します。

水野忠邦は開国派

このとき老中の一人であった水野忠邦《みずのただくに》は開国に賛成しま

す。水野忠邦といえば天保の改革で有名ですが、実はその後の外国船騒動にも関わっていたのです。18 世紀終わり頃から外国船が頻繁に日本の付近にも現れていたので幕末の老中であれば少なからず開国問題には関わるのが当たり前ですが、水野忠邦が開国派であったというのはあまり知られていません。

これに対して、攘夷派の後押しを受けて阿部正弘は開国に反対します。バランス感覚に優れていた阿部でさえ、このときは欧米諸国がどの程度本気かを計ることができなかったようです。水戸の徳川斉昭《とくがわなりあき》については次の項で紹介していますが、彼の意見を参考にすることも多く、このときは開国拒否が阿部の考えでした。開国派の中心であった水野の辞職後 27 歳の若さで老中首座（老中のトップ）になった阿部は親書を受け取った翌年の 1845 年開国拒否の返事を出します。

ペリー来航を事前に知っていた

その後、アメリカから東インド艦隊司令官のビッドルが通商要求のために軍艦２隻を引き連れ浦賀に現れます。軍艦というと戦争をする気かと思われそうですがこのときのアメリカ側にはその気はなく、むしろビッドルも友好的に接してきました。国内には打ち払って追い返せという意見も出ますがオランダ国王の親書に拒否の回答をした阿部も今の日本ではアメリカには到底かなわないことを理解していたので、打ち払うといった強硬姿勢はとらずに穏便に拒否して帰ってもらいます。

しかし、1853年今度は軍艦4隻を引き連れてペリーが浦賀沖に来航します。浦賀は右往左往の大混乱に陥りますが幕府は実はこの事態を予測していました。というのは1850年にアメリカが再度日本に開国を迫る気配があること、1852年には艦隊が日本に向けてアメリカ本国を出航したことをオランダから知らされていたのです。

幕末の目安箱

この間幕府がやっていたのはなんと、「このオランダからの文書は通信として受け取ってはならないだろう、我々は通商しかしていないのだから」などという文書の受け取りをどういった形でするかという形式論ばかりで本題から全くずれたところで揉めていました。

そんな迷走する幕府の対応などおかまいなしにペリー率いる黒船艦隊は1853年にやってきます。ペリーの強引な態度に気圧《けお》されながらも翌年の返事を約束して一度日本を退去させます。

阿部も事態の重さから国中から意見を募ります。これまでは幕府が行う政治は譜代大名や旗本、御家人たちによって行われてきたのに対して、それ以外の外様《とざま》大名を含め世間全体から意見を募集するという八代将軍吉宗の目安箱のような方法をとったのです。有意義な意見を集めることはもちろん、国全体で未曾有の事態にどう対処するかを考えることにより

団結をはかったのです。

開国を決意

国内には開国反対、攘夷論も盛り上がっていましたが阿部にしてみれば「いま攘夷などとはとんでもない、一時的に外国船を打ち払ってもその後さらに大きな戦力でもってやってくる欧米に日本がかなうはずがない、ここは一時我慢して彼らの要求をのむべき」との考えから条約締結に踏み切りました。当時外国に関する情報を誰よりも十分につかんでいた者としては妥当な結論だったといえるでしょう。さらに軍隊を西洋式に改め、人材育成にも力を入れます。勝海舟《かつかいしゅう》や榎本《えのもと》武揚《たけあき》も阿部に見出された逸材たちでした。そして、攘夷派を押し切り何とか条約締結にこぎつけますが、この大仕事で精根尽き果てたのか、阿部は 1855 年老中首座を退き、1857 年に 39 歳でこの世を去ってしまいました。

「俺はそんなに頑固ではない」
激しい性格だが意外な気配りも

徳川 斉昭

とくがわ・なりあき

1800年（寛政12年）生まれ。江戸時代末期の常陸水戸藩の第9代藩主。藩主になるのも楽な道ではなく、わが子を将軍にするためにも大苦心。享年61歳。

徳川斉昭といえば9代目水戸藩藩主、また15代将軍徳川慶喜の父親としても有名ですが、わが子を将軍にするのに苦心したのはもちろん、本人が藩主になるのも楽な道ではありませんでした。なぜなら斉昭は第三子として生まれたのであって、跡継ぎは長男の斉修《なりのぶ》だったからです。大名家の次男、三男は長男が家を継いだ場合に他家に養子に出されるか支藩の藩主になるのが一般的でしたが、斉昭は29歳まで部屋住み（居候のようなもの）の身分でした。しかし、もともと身体が弱かった兄の病死により1829年、第9代藩主として表舞台に登場します。

財政の建て直し

藩主となった斉昭の仕事は藩の財政の建て直しと軍備の充実でした。1792年にはロシアのラクスマンが根室に来航し通商を要求しており、外国に対する警戒意識が高まっている時期だったといえます。また、老中水野忠邦による天保の改革が行われたときでもあり、御三家の一つ、水戸徳川家としても率先して改革を実施する必要がありました。

斉昭は質素倹約を奨励し上は武士から下は貧しい農民に至るまで節約生活を徹底させます。その一例ともいえるのが「華美な衣服」の禁止です。「士農工商のそれぞれの身分の者は身分に応じた衣服を着なければならない、派手な衣装を着ることは贅沢な生活につながる」として着るものにまで制限を設けていました。着る服ぐらい自由でいいのではないかと思いますが、質素倹約の基礎はまずは身の回りからということでしょう。

それと同時に検地を行います。

検地といえば、豊臣秀吉の太閤検地が有名ですが何も秀吉の時代に限ったことではありません。田や畑の面積を調べて年貢の量を決めるのが検地です。財政再建ともなれば藩の支出を減らすと同時に収入を増やそうというのですから取れるところからとるために検地を行うのは江戸時代でも同じことだったのです。

海防計画

また、軍備の充実の面ではまず、蝦夷地《えぞち》（北海道）を水戸の領地にしてもらえるよう幕府に要求します。これは「ロシアに最も近い蝦夷は水戸で守る、幕府になんか任せておけない」つまり、蝦夷を水戸領とすることで蝦夷の防御は水戸で行うということなのです。

これに加えて武器も充実させようとしますがなにせ、お金がありません。庶民にも質素倹約を徹底させている手前、派手に軍備にお金をかけるわけにもいかず、なんと仏像を大砲の材料にしてしまいます。

平和を願うための仏像が戦争の道具になるのは皮肉な話ですが、これを正当化するために斉昭は社寺改正を行い、藩内の宗教政策において神道を中心にします。神道を中心にしたところで仏像を武器にしてよい理由はないのですが、仏教を藩の中心的な宗教でない状態に追い込むことで僧侶を中心とする反対派を押さえ込もうとしました。

藩内からの反発

強引な手段によって、改革を進めていた斉昭でしたが、やがて反発を招きます。藩内の保守派や仏教徒の反発を受け幕府に訴えがあった結果、1844 年、隠居させられてしまいます。

武器の製造、蝦夷地を水戸藩の領地にするように幕府に願い出ていたことが幕府に対する反逆というあらぬ疑いを招いたようにも見えます。しかし、実際のところは藩内で揉め事を起こしているような藩主はいくら優秀でも引退させてしまった方が無難だと幕府は見たのでしょう。

斉昭は 45 歳で、まだまだ働き盛りであり藩主を引退させられたのは無念でした。しかし、これで終わらなかったからこそ後に「水戸の頑固爺」として有名になったのです。

国政に転じる徳川斉昭

水戸藩で仕事が出来なくなれば今度は国政だとばかりに幕府での仕事に精をだすようになります。オランダ国王から幕府に親書が届いたのが1844年、中身はアメリカが日本に接近を試みているということでした。

実際アメリカから1846年にやってきたビッドルに対して鎖国を理由に通商を拒否した日本でしたが同時に防衛準備は進めていました。そしてその先駆けであり、中心ともなったのが斉昭だったのです。

隠居させられていた斉昭は外国の接近に強い警戒感を抱き、老中である阿部正弘と連絡を取り合い、幕府の海防政策についても意見を出していたようです。それが買われて海防参与の役職に就きます。外国船に対する防衛について考える仕事といえば分かりやすいですが、これをきっかけに幕府の政策全般に対して口を出すいわゆるご意見番としての立場を確立していきます。

斉昭は頑固だったのか

当時の大きな問題が日本の外交をどのようにするべきかということだったのですからその中心にいた斉昭が幕府内において権力を強めていくのは自然だったといえるでしょう。水戸のご老公、幕府のご意見番として有名な斉昭のイメージは頑固爺といったものが強いのですが意外なことに他人の話に耳を傾けるといった部分もあったようです。

ビッドル来航の際、阿部に対し斉昭は「外様大名《とざまだいみょう》であろうとも有意義な意見は取り入れて日本全体で開国すべきか否か検討すべきだ」と伝えています。外様大名といえば関ヶ原の戦い以降に徳川家に従った大名家ですから敵とはいわないまでも幕府にとっては疎遠な関係にあります。そのような関係にある彼らの意見であっても門前払いせず、よいものは意見を聞いていこうというのですから頭が固いばかりでもなかったのかもしれません。

攘夷派ともいわれていますが、内戦外和「国内には決戦を煽《あお》って団結を促し、外国にこちらから戦争を仕掛けるようなことはしない」というのが彼の基本的な考えでした。

海防参与を辞職

老中首座の阿部の後ろ盾もあって精力的に海防参与の任務に取り組んでいた斉昭でしたが1854年、日米和親条約が締結されると責任を取って海防参与を辞職します。

何の責任だ？と思うところですが、下田・函館の開港、燃料の供給、最恵国待遇の供与といった内容がアメリカに対して譲歩しすぎだ、こんな内容の条約締結は国辱だということで引責辞任をしたのです。

ペリーの態度に表わされるアメリカ側の強硬な姿勢からすれば大幅な譲歩をしておかないと戦争になってしまう、それでは日本が滅ぼされてしまうと考えた老中の考え方に大きな

間違いはなかったと思われますが、そこは攘夷論者の斉昭、「戦争は出来る限り避けるべきだが、無理難題を飲んでまで相手に付き合うことはない、いざとなったら一丸となって戦うべきだ」と考えていました。

海防参与まで務めた斉昭ですからアメリカの実力が日本をはるかに上回ることも分かっていました。

それでも戦えというところに阿部との根本的な考え方の違いがあります。「勝てない戦はすべきでない」という阿部に対し、「プライドを捨てるぐらいなら負けてでも戦うべき」というのが斉昭の考えだったといってよいでしょう。

この点では石橋をたたいても渡りそうにない徳川家康の慎重さを彼が作った組織である幕府の幹部の方が受け継いでいたともいえます。

幕府のご意見番

さて海防参与を辞任した斉昭は、今度は幕政参与として返り咲きます。海防参与辞任からわずか３カ月後のことでした。

本気で責任を取る気があったのか怪しいところですが前職の辞任でみそぎが済んだと考えたのでしょう。今度は名実共に幕府のご意見番になります。

海防だけにとどまらず幕政全般にかかわる職に就いていたほうがより大きな権力を振るえます。

さらに、13代将軍家定に子がないこともあり将軍継嗣問題が浮上すると今度はわが子を将軍にと画策します。後の

15 代将軍徳川慶喜のことですが、この時点では計画は失敗します。島津斉彬や松平慶永と協力して慶喜の将軍就任を図りましたが譜代大名の反発は強く、またこれまで何かと味方をしていた阿部正弘も、これぱかりはと斉昭の側に立つことはありませんでした。

斉昭の失脚

斉昭にしてみればわが子を将軍にして自分は将軍の父親として実権を握り、改革を推し進めようと考えていました。しかし、そもそも斉昭の方針は攘夷であり、開国を前提としてこれから外国とどのように付き合い続けるか、付き合いの中身を考えるべきだという老中や譜代大名の間では慶喜の将軍職継承に大反対でした。

結局、彦根藩主井伊直弼《いいなおすけ》が大老に就任し、14 代将軍を家茂と定めたことにより斉昭の計画は失敗します。

その後、攘夷派をはじめとする幕府の方針に反対するものたちを弾圧した安政の大獄により斉昭も蟄居謹慎《ちっきょきんしん》を命じられます。

宿敵を心配

その後、井伊は桜田門外の変で水戸脱藩浪士により暗殺されます。

あの安政の大獄は大老井伊直弼の主導によるものであり、斉昭にとって見れば自分の政治生命を断った井伊は憎んでも

憎みきれない相手のはずです。そんなところからも大老暗殺の首謀者は斉昭ではないかと疑われそうですが、意外なことに斉昭は井伊家の心配もしていました。

当時、相手に襲われて死亡など自身の不注意で死んだものはお家断絶、領地没収が常だったのですが、斉昭は井伊家の所領が嫡男に相続されるよう老中に伝えたといわれています。その願いがかなったのか無事に彦根藩は井伊直弼の嫡子に相続されます。

斉昭にとってみれば政治上の対立はともかく水戸藩出身の浪士がしでかしてしまった事件のせいで彦根藩がお取り潰しになっては申し訳がないと思ったのかもしれません。井伊家の相続が無事になされたのを見届けて、1860 年 8 月に亡くなりました。

「もっと時間が欲しかった」
遅咲きの藩主、薩摩から日本を変える

島津 斉彬
しまづ・なりあきら

1809年（文化6年）生まれ。江戸時代後期から幕末の外様大名で薩摩藩の第11代藩主。父親と衝突するも藩の近代化を進め、これからが正念場という時に死去…、無念。享年50歳。

篤姫《あつひめ》の養父でも有名な島津斉彬が薩摩藩主だったのは僅か8年という短い期間でした。しかし藩主在任中は将軍継嗣問題をはじめ、幕政改革のために奔走します。彼もまた幕末の日本における重要な役割を果たした人物だったといえるでしょう。

父親と衝突

斉彬は薩摩藩主、島津斉興《しまづなりおき》の長男として生まれますが家督を継いだのは43歳のときでした。家督相続がおくれたのは斉興が斉彬を憎んでいたからというわけではなく、いつまでも全権を握っていたいという権力への執着が原因だったようです。ですから斉彬も藩主になったのは遅かったものの若い頃から父親の片腕として藩内政治に力を発揮していました。しかし、斉彬は藩の近代化を目指し軍備武装や生産施設などを西洋式に改めるように主張していたので父親と衝突します。斉興は自分の父、重豪《しげひで》の洋物好きが原因で藩が抱えてい

た大借金の返済計画を完成させ、やっとの思いで財政を黒字にしていました。そこに息子が近代化を主張するとあってはまた借金が増えるのではないかと心配したのです。

43 歳で藩主に

斉彬や彼を支持する家来たちは「いつまでも節約、節約では藩そのものが時代に取り残されてしまう。薩摩が中央に進出するためにも藩の近代化は必須だ」と考えていました。

その頃、斉彬の娘が続けて死亡しており、これはお由羅《ゆら》（斉興の側室であり、久光の母）が久光を後継ぎにしたいばかりに呪いをかけているせいだと怒った斉彬派がお由羅や久光の暗殺を計画します。

これが失敗して斉彬派は処罰され、斉彬自身の家督相続もなくなるかと思われていたとき、幕府から救いの手が差しのべられます。老中阿部正弘が斉彬の実力を買っていたおかげで 1851 年、43 歳で家督を相続したのです。

下級役人を抜擢

斉彬が父親と共に江戸に滞在しているときの働き振りを見ていた阿部が「こいつは使える、幕府の改革に協力してもらいたい」と考えてくれたおかげで危ういところで助かり、藩主に就任することができました。これで父親への遠慮は要らぬとばかりに斉彬の改革が始まります。人事を刷新し西郷《さいごう》隆盛《たかもり》など下級役人らの大抜擢を行うと軍備の拡張にも取りかかります。家康以来、禁止されていた大船の建造を幕府に許可させるのですがこれにより、輸送量が増え、輸送スピードも格段に上がります。大船というのは軍艦として造る場合もあれば、人、物の輸送に使うこともあります。幕府は軍艦建造を許したわけではありませんが、輸送用の船であっても兵や武器の輸送といった戦争時に役立つことに変わりはありません。このときの薩摩の軍備拡張が後の討幕に向けておおいに役立つことになります。

海防問題で斉昭と組む

江戸ではペリーの来航をきっかけに阿部や水戸の前藩主、徳川斉昭と頻繁に会合を行い、彼らとの信頼関係を深めます。藩の近代化を進めていた斉彬は「西洋諸国の実力は日本よりもはるかに大きく開国はやむをえない」と考えていました。したがって、攘夷を唱える斉昭の主張には無理があると思っていましたが、いずれにしても軍備の充実が重要という点で一致していたので斉昭とも協調路線をとります。

徳川斉昭は頑固で有名でしたが、このあたりは父親をはじめとした偏屈な人間を見てきていたので扱い方を十分に心得ていたのでしょう。

些細な考えの不一致には目をつぶる

さて、斉彬は幕府首脳陣と親交を深めていくなかで次期将軍に一橋慶喜《ひとつばしよしのぶ》を、と考えるようになります。当時は紀州徳川家の慶福《よしとみ》と水戸の徳川斉昭の息子、一橋慶喜が 14 代将軍として後継候補に挙がっていました。一般的には慶喜を支持する人々はその英明さを支持の理由としていたとされますが、斉彬が慶喜支持を打ち出したのには水戸の徳川斉昭の存在もありました。斉昭は強固な攘夷論者ですが同時に早い時期から自分の藩の軍備武装も進めていました。もちろん目的は国防です。斉彬は消極的開国派でしたが欧米と対等に渡り合っていくためには軍備の充実は不可欠だと考えていたので慶喜が将軍となれば斉昭と協力して国内の軍備充実を図れると考えていたのでしょう。

すべてにおいて考えが一致する相手というのはそう簡単にいるものではありませんから一部相容れない部分があってもまずは目をつむり、協力し合えるところを重視するというのは内政でも外交でも重要な姿勢だといえます。

これからというときに病死

慶喜を確実に次期将軍にするために斉彬は養女の篤姫《あつひめ》を将軍家定の正室にします。自分の養女を将軍の正室にすることで、子ができないといわれていた家定に「慶喜を後継ぎに」と勧めさせるのと同時に大奥も味方につける狙いがありました。

しかし、この狙いは失敗に終わります。

慶喜の父でもある水戸の斉昭は大の倹約家でもあり大奥の出費も削減すべきだと公言していたので大奥からは嫌われて

いました。

しかも老中の阿部正弘が病死してしまい、紀州の慶福支持の井伊直弼が大老に就いたことで一橋派はますます窮地に追いやられます。

こうなれば軍事力でもって圧力をかけるしかないと斉彬は出兵の準備を始めさせますが、この大事なときになんと自分が病気で倒れ、世を去ってしまいます。

藩主になってまだ8年、いよいよこれからが正念場というときの死去。本人の無念もさることながら、藩士や一橋派にとっても大きなショックであり、薩摩も井伊の独裁政権の間は息をひそめることになります。

2

増える要求、弱る幕府

　ペリーからの開国要求をやむなく受け入れた幕府に今度は駐日総領事のハリスから通商要求が突きつけられます。ペリー来航によって開国した日本ですが、まだ貿易の自由化には踏み切っていませんでした。開国したのだから今度はアメリカと貿易をはじめろというのです。幕府はもちろんこの流れを予想できていましたが、朝廷や諸大名の中には反対派も少なくありませんでした。

　ペリー来航は日本の政治体制にも少なからず影響を与えていました。それまでは幕府による独裁体制でしたが、朝廷や雄藩が意見を出し合うようになっていたのです。民主主義の国からやってきた黒船は徳川の独裁体制に揺さぶりをかけ、朝廷や諸大名を中央政治の場面に引き上げます。まだ合議制とまではいえず、徳川の独裁体制は崩されていませんでしたが開国とともに新しい動きが国内でも盛り上がります。しかし、反動は必ずあるものです。それまでの幕藩体制を守ろうと幕府側も必死になります。開国派と攘夷派、改革派と守旧派、さまざまな主張が入り乱れる動乱期です。

「トップは決断しなければならない」
豪腕としたたかさが命取りに

井伊 直弼

いい・なおすけ

1815年（文化12年）生まれ。近江彦根藩の第15代藩主。幕末期の江戸幕府にて大老を務めて日本の開国を断行し、国内の反対勢力に対して粛清（安政の大獄）を行った。享年46歳。

井伊直弼といえば幕末にアメリカとの条約締結を独断専行で締結した大老です。調整型として見られることの多い阿部正弘と比較すると確かに独断的とも独裁的ともいえますが、ペリー来航以来、諸外国の実力を見せつけられ、彼らと慎重な付き合いをしていかなければならない幕府の責任者としてはやむを得ない部分も多かったのでしょう。

条約と将軍継嗣問題

さて、井伊直弼はもともと彦根藩主でしたが1858年、彦根藩主であったのが幕府の大老に任命されます。大老とは老中よりさらに上級の職であり、普段は存在しません。幕府に何か緊急に対処しなければならないような事件があったときに置かれるのが大老なのです。この時期に大老を設けなければならない事件とは何か。それはもちろん対外政策、アメリカとの新たな条約の締結です。そしてもう一つ、将軍継嗣問題（後継ぎは誰にするかという問題です）で紀州徳川家の徳川慶福を14代将軍として内定させることが、井伊直弼をはじめ井伊を大老に推した人々、南紀派の重要な課題でした。

ハリスの要求

下田にやってきたハリス（アメリカ駐日総領事）は、日本に対し通商を要求します。通商とは貿易のことで日米和親条約のときには開港と燃料、水の供給に留まっていたのがいよいよ貿易をしろと言ってきたのです。もちろん国内は賛成派と反対派の二手に分かれて大騒ぎです。大老である井伊にしてみれば開国以来の幕府の方針である、「外国を刺激せず慎重な付き合いをする」といった態度を変えるつもりはありません。問題は「慎重な付き合い」の中身です。ハリスの要求を拒否して現状維持にとどめることは可能だったのでしょうか。この問題に大きな影響を与えていたのが1856年のアロー戦争でした。これは第二次アヘン戦争ともよばれ、アヘン戦争に続き清がイギリス、フランスに敗れるというものでした。大国である清が二度も続けて敗れたのは日本に大きなショックを与えました。

勅許なしで条約締結

「このままではいずれ日本も清のように侵略されてしまうのではないか、その前に何か手を打たなければならない」幕府にもそういった危機感はありました。しかし、孝明天皇が大の外国嫌いだったので勅許《ちょっきょ》（天皇の許可）が得られず、ま

たペリー来航時に諸藩から広く意見を募っていたこともあり、幕府が独断では決めにくい状況にありました。そこに登場したのが井伊でした。井伊は勅許がないままに日米修好通商条約を締結します。その中身として、開港地の増加（神奈川、長崎、新潟、兵庫）、領事裁判権の承認、自由貿易の開始、協定関税制が定められました。内容が日本に不利なことはもちろん、天皇の勅許がないままに結ばれた条約（違勅条約）ということもあって攘夷派からは特に大きな反発を受けます。

井伊の言い分

井伊にしても大老という職にある以上、最初から独裁を行うことはせず、ハリスに対する交渉、国内に対する説得工作などさまざまな方法で穏便に進めていこうと努力していました。しかし、アメリカ側の態度が予想以上に強硬的であったこと、さらに清がアロー戦争で敗れるといった国際事情を考えると日本を清の二の舞にするわけにはいきませんでした。むしろ、アメリカとの友好関係を築くことが対外的な脅威に備えることにつながると考えて条約締結に踏み切ったのでしょう。しかも、ここで井伊はしたたかな一面も見せています。

交渉は部下に

実はハリスが下田に着任して、幕府に通商を要求しだしたのは1856年でした。井伊が大老に就任したのはその2年後ですから、大老就任前から条約締結については話し合われていたことになります。その時の老中首座（老中の中のトップ）が堀田正睦《ほったまさよし》でした。堀田のときから条約締結に向けて勅許をとるように努力はしていたのですが、なかなか朝廷はよい返事をくれません。

そこで、大老になった井伊は交渉の実務は堀田にあたらせ、最後の決断を自分で行うことにします。これにはどういう意味があるのでしょうか。

したたかな大老

確かに、将軍を除けば組織のトップである以上、責任は大老である井伊にあります。しかし、実際に交渉にあたっていたのは最初から最後まで堀田正睦なのだから違勅条約の責任は堀田にとらせる、つまり、堀田をクビにするという形でけじめをつけたのでした。まさにトカゲの尻尾切りです。

しかも、これはただのトカゲの尻尾切りではありません。堀田は将軍継嗣問題では井伊とは反対のグループ、一橋慶喜を跡継ぎに推す一橋派の一人でした。井伊は違勅条約の責任を取る振りをして一橋派の重要人物を政権の中心から追い出すことにも成功したのでした。

反対派を弾圧

こうして、条約締結を成し遂げ、14代将軍を紀州の慶福

にすることに成功した井伊はこの後、反対派の弾圧を始めます。安政の大獄です。

主なターゲットは一橋派の面々でした。一橋慶喜をはじめ、その父である徳川斉昭、越前藩主の松平慶永らを謹慎にします。

自分と反対の立場の人間を政権の中枢には置いておけないというのは当たり前といえば当たり前ですが、やりすぎてしまいました。反対派の大名、公家を死罪を含めて徹底的に弾圧したことで恨みを買ってしまいます。

1860年3月3日、井伊は桜田門外で水戸脱藩浪士により殺害されます。ちなみに首まで斬られて殺害されているのですが幕府は公式には「病死」と発表しています。大老が暗殺されたとあっては幕府の面子《めんつ》が潰れてしまうと考えていたのです。しかし、残念ながら事実は全国に伝わり、幕府の威信の低下に拍車をかけることになったのでした。

「嫌いなのは異人だけ」
徳川家の政権担当は容認

孝明天皇《こうめいてんのう》

1831年（天保2年）生まれ。江戸時代末期の天皇（121代）。その存在は幕府が揺らぐきっかけを作ったと同時に幕末の幕府を支える最大の精神的スポンサー。享年36歳。

江戸時代において歴代天皇が表舞台に立つことがなかったのに対して孝明天皇は、突如幕末のキーパーソンになります。その理由は開国を迫るアメリカに対して、孝明天皇が大の異人嫌いだったことにあります。ある意味では、天皇の異人嫌いが薩摩や長州に討幕のきっかけを与えたともいえるでしょう。しかし、あくまで本人は幕府の存在を容認していた向きもあるのです。

幕府との協調路線を支持しながら討幕運動にきっかけを与えるとは一見矛盾しているようですが、いったいなぜそのようなことが起こったのか見ていきましょう。

異人嫌いの天皇

孝明天皇は16歳の時に即位します。即位した年の1846年、東インド艦隊司令官のビッドルが浦賀に来航し通商を求めますが幕府はこれを拒否します。天皇もその知らせを聞き、幕府に対し海防強化を命じると共に外夷《がいい》（外国人）退散の祈願

を行います。まだ相手が攻め入ってきたわけではなく、ただ通商を求めてきただけでこれだけの反応を示すのですから西洋に対する嫌悪感がかなり強かったのでしょう。ただ、これは孝明天皇一人の話に限らず朝廷全体をそのような空気が支配していたとも考えられます。

原因は幕府の鎖国

信長、秀吉の頃までは南蛮文化の渡来という言葉のとおり、主にオランダ文化が京都にも伝わり、それほど西洋に対する抵抗感はありませんでした。まして日本は古くから中国を手本としその文化を大量に輸入してきたのですから、日本の中心地である京都、さらにはその京都の支配者であった朝廷が外国文化に対してかたくなな態度をとることはありませんでした。鎖国さえなければ朝廷の異国嫌いもなかったでしょう。しかし、江戸時代に入り貿易の相手はオランダと清のみ、それも長崎の出島に限るとなっては朝廷が外国文化に接する機会はありません。しかも公家諸法度によって朝廷は幕府に統制されていましたから行動の自由もありません。そのような状態が鎖国以来200年以上も続いていれば孝明天皇だけでなく朝廷全体が外国に対して恐怖心を抱くのも不思議ではないでしょう。したがって、孝明天皇の異国嫌いは天皇一人が嫌っていたというのではなく朝廷全体の雰囲気を表していたといえます。

通商条約の締結に怒る

天皇の異国嫌いがさらに鮮明になっているのが修好通商条約の締結時です。ハリスからの通商の要求に対して幕府はやむをえないと考えますが、締結前に朝廷にお伺いを立てなければと勅許《ちょっきょ》（天皇の許可）を求めてきます。これに対して孝明天皇は勅許を与えないのはもちろん、勅許なしで幕府が条約を締結したときには幕府に対する抗議として退位しようとします。ここまで孝明天皇が怒った理由には通商条約に兵庫の開港が含まれていたことが関係しています。その前の和親条約だけでも不愉快でしたが、その時はまだ下田、函館の開港で済んでいました。しかし修好通商条約には兵庫の開港が含まれていました。兵庫といえば京都のすぐ近く、天皇の近くで異国人が出入りするなど許せませんでした。幕府側もこれを考慮して兵庫開港は延期し、天皇も退位するまでには至りませんでした。

公武合体

ところが今度は周りが騒ぎはじめます。つまり、朝廷の公家《くげ》たちが「天皇の意に逆らうとは不届き千万、幕府の行為は許しがたい」と長州の尊王攘夷派と結びついて討幕運動のきっかけを作ります。しかし、孝明天皇本人に討幕の意思があったのかというと決してそのつもりはありませんでした。次々と外国と条約を締結していく幕府に対して不満はあるも

のの政治に関してはこれまで通り幕府に一任しようというのが天皇の考えでした。だからこそ1860年、公武合体の名の下に妹の和宮に14代将軍である徳川家茂との縁談の話があったときも朝廷と幕府がうまくやっていくために結婚を許します。当時、すでに有栖川宮熾仁親王《ありすがわのみやたるひとしんのう》と婚約していた妹に婚約を破棄させ、江戸に降りるよう説得したのです。

攘夷の実行

もちろん結婚させるだけではありませんでした。公武合体というなら朝廷もそれなりに口を出すぞということで幕府に10年以内の攘夷を約束させせます。しかし、なかなか攘夷を実行しようとしない幕府に対してしびれを切らし、1863年、一体いつ攘夷を実行するのかと問いただします。このあたりは孝明天皇の意思というよりも、とにかく幕府に攘夷を実行させたい攘夷派の公家および長州藩の意思が見え隠れしますが、その年の5月10日までに実行すると約束させます。果たして5月に長州が下関で攘夷を実行しますが、同年8月に長州藩および長州と組んでいた尊王攘夷派が京都から追い出されてしまいます。これはもちろん孝明天皇の意思でもありました。

尊王攘夷を望まない孝明天皇

実は尊王攘夷派の運動は天皇にとって迷惑な部分のほうが大きかったのです。尊王なのだから迷惑なことはないと思われるかもしれません。しかし、天皇にとって攘夷の部分は自分と同じ考えでも、実は尊王のほうが問題でした。文字どおり、天皇を尊ぶだけなら問題ありませんが尊攘派の長州や公家の目的は天皇中心の政治を復活させることにありました。孝明天皇は異人嫌いでしたから攘夷はよかったのですが「政権を幕府から朝廷に移行しようとするのはやめてくれ、政治は今までどおり幕府に任せておけばいいだろう」という考えであったのは前述のとおりです。そこで京都守護職として親しくしていた会津藩主の松平容保《まつだいらかたもり》や薩摩の島津久光らの長州追放計画を許して朝廷内から過激な尊王攘夷派を一掃したのでした。ですから、1864 年、禁門の変で長州藩が京都に攻め上ってきた際には長州への嫌悪が増し、同年の第一次長州征討および 1866 年の第二次長州征討も天皇は支持しますが、1866 年末に病死してしまいます。

幕府の精神的支え

すでに薩長の秘密同盟が結ばれ岩倉具視《いわくらともみ》らが薩摩、長州と通じていたことから岩倉による毒殺ではないかという説もありますが真偽は定かではありません。しかし、その後幼い明治天皇が即位したことにより討幕派の薩摩、長州にとってやりやすくなったのは事実です。孝明天皇の存在は幕府が揺らぐきっかけを作ったと同時に、幕末の幕府を支える最大の精神的スポンサーだった（江戸時代末期の）天皇といえます。

「すべては朝廷のため」
朝廷の復権にかけた公家の切れ者

岩倉 具視

いわくら・ともみ

1825年（文政8年）生まれ。公家、政治家。薩摩・長州藩と手を組み、王政復古を成し遂げ、明治政府を東京に樹立する。享年59歳。

岩倉具視というと公家で明治になって高官になった偉い人ぐらいのイメージしかない方が多いかもしれません。幕府や薩摩、長州、土佐などの幕末において活躍した藩に比べると「朝廷」という存在は今ひとつピンときません。しかし尊王攘夷は天皇を敬おうという運動であり、日本の統治者は幕府なのか天皇なのかは黒船来航以来、重要な問題になります。そして、ここで忘れてはならないのは朝廷という組織、そして公家の存在です。

もちろん天皇一人で朝廷という組織を動かしているのではありません。聖徳太子の時代よりももっと前から日本は天皇を国家の主権者としてきましたが、その周りには多くの豪族といわれる家来が仕えていました。実際には彼らが政策を考え実行してきたといっても過言ではありません。天皇をトップにして彼らが政策を実行する時代が飛鳥、奈良、平安と長い間続きます。

平安時代前後から武士に権力が渡り、江戸時代末期まで続いていましたが、天皇とその周りの貴族たちでつくられる朝廷という組織は続いていました。そして、この朝廷の中にいた岩倉具視が朝廷側の人間として討幕運動に大きな影響を与えます。

条約勅許問題で頭角を現す

岩倉は京都の堀川家に生まれました。この堀川家は貧乏公卿《くぎょう》であり、岩倉家に養子に出され岩倉具視になります。彼の最初の出番は1858年、幕府が日米修好通商条約の締結に際し、朝廷に勅許《ちょっきょ》（天皇の許可）を求めてきたところにやってきます。

朝廷側ではペリー来航以来、少しずつ幕府に対する発言力は増してきたものの政治については幕府に一任しておいた方がよいだろうということで修好通商条約の締結についても承諾しようとします。しかし、孝明天皇は大の異人嫌いでした。開国だけでも本当は嫌だったのですが貿易を開始して自分のお膝元である京都の近く、兵庫にまで外国人がやってくるのは我慢できませんでした。

公武合体を狙う

天皇は何とか幕府に条約の締結をやめさせたいと考えます。そこで天皇の意を汲んで勅許を与えることに反対したのが岩倉でした。岩倉は他の公家たちと有志で関白や左大臣といった朝廷の重臣たちの所に行き、「天皇の意に背く条約に

勅許を与えるのは不忠だ」と抗議します。この甲斐あって、朝廷は勅許を求めて上京した老中堀田正睦に「このような内容の条約は勅許を与えられない、幕府でもう一度よく話し合え」と伝えます。条約勅許には反対の岩倉でしたがもともとは討幕派ではありませんでした。最初はむしろ徳川家を存続させて朝廷が権威を与えることで政権運営を続けさせていこうという公武合体思想の持ち主だったのです。

和宮降嫁が議論に

岩倉は孝明天皇への忠義の厚い人でしたから天皇が嫌う条約に対しては公武合体が大事とはいえ反対し、再び天皇家が政治の表舞台に戻ることを願っていました。条約については結局幕府が勅許なしで調印してしまいます。しかし1860年、今度は幕府側が天皇の妹である和宮《かずのみや》の降嫁《こうか》を求めてきます。14代将軍家茂の正室として和宮に江戸に来てもらえないかというのです。

アメリカと条約締結に踏み切ったまではよかったのですが、その後大老の井伊直弼が浪士に惨殺され幕府の権威は失墜していました。ここは何とか朝廷と協調路線をとって天皇の権威を後ろ盾に国内政治を進めたいというのが幕府の狙いでした。これにどう対応すべきか朝廷内は揉めます。

岩倉の機転

「大切な妹を幕府に渡すのは嫌だが、公武合体は国内の安定のために重要」と悩んだ天皇に対し、相談を受けた岩倉は「条約取り消しと引き換えにしてはどうでしょう」と提案します。岩倉の意見は受け入れられ、幕府側から10年以内に攘夷を実行するという約束をとりつけて1861年、和宮は江戸に降《くだ》ることになります。そこで岩倉は降嫁の際に和宮のお供で自らも江戸に行き、老中と攘夷について話し合うだけでなく将軍である家茂本人から攘夷決行の誓約書を受け取ってきます。単なる口約束だけではしたたかな幕府のことですから「攘夷を実行すると言った覚えはない」と言われかねないと警戒したのです。誓約書を書かせた岩倉の行動は幕府に「攘夷」という重荷を背負わせることになります。

朝廷主導を企む

しかし、ここで断っておかなければならないのは、岩倉本人は「攘夷」そのものにそれほど熱心ではなかったということです。幕府とのやり取りの多かった岩倉は諸外国についても情報を幕府から取り入れることができました。ですから攘夷が現実的でないことは十分に承知していたはずです。にもかかわらず岩倉が攘夷を幕府に約束させたのはなぜなのでしょうか。彼が朝廷の人間であり、天皇が異人を嫌っていたからというのは一つの答えではありますが、岩倉の真の狙いではありません。あえて幕府に攘夷を約束させることでその後の政策決定に関して朝廷が優位になるようにすることこそが彼の狙いでした。この狙いのために幕府に無理な約束をさ

せ窮地に追い込んだ岩倉はなかなかの策士といえます。

朝廷から追放される

さて、ここまでは順調に進んだ岩倉の作戦でしたが 1862 年、長州をはじめとする過激な尊王攘夷派が台頭しはじめると「幕府と手を組んで朝廷をたぶらかす不忠者」として朝廷から追い出されてしまいます。天皇のために必死で働いてきたのですからここで孝明天皇にかばってもらえそうですが蟄居《ちっきょ》を命じられます。本心から異人が嫌いな孝明天皇は岩倉の攘夷が幕府との駆け引きであって本気ではないことを感じていたのかもしれません。しかし、それでもすべては再び朝廷が実権を握ることを願っての行動だったので岩倉にしてみれば無念だったでしょう。

王政復古の大号令を引き出す

しばらくの間、岩倉は蟄居生活を送りますが、尊王攘夷の中心的存在であった長州藩が京都から追放され薩摩が台頭してくると大久保利通や西郷隆盛が岩倉の政治的手腕に注目して接近します。岩倉は彼らとの会合を重ね、蟄居生活でありながらも朝廷復帰を狙い、1867 年、薩長両藩が討幕の密勅を得られるよう計らって成功します。ほとんど同時に幕府側から大政奉還がなされてしまったために不発に終わってしまいますが「徳川家が続く限り政治の実権が朝廷に戻ることはない」と考えを変えていた岩倉は王政復古の大号令を朝廷から発することで徳川家を実質的にも政権の座から引きずりおろすことを画策します。

新政府は樹立するが

この狙いがあたり、薩長両藩に江戸まで進軍させ、徳川家を敗北に追い込んだ後に明治政府を東京に樹立します。しかし、政権の中枢は大久保や桂小五郎などの薩長出身の人物が占めていました。もちろん、岩倉や三条実美ら公家も当初は政権中枢にいましたが、朝廷出身者の側に政策を担当できる能力のある者は多くなく、時代が進むにつれ数はどんどん少なくなっていきます。岩倉はその中でも有能な公家の一人でしたが、彼の狙いであった「政権を朝廷に」は結局実現することができませんでした。

「徳川あっての日本国」
徳川本家に忠義を尽くした越前の名君主

松平 慶永

まつだいら・よしなが

1828年(文政11年)生まれ。幕末の福井藩主。何度か重職に就くが長続きせず、良くいえば筋を通すが融通が利かず…。徳川本家に忠義を尽くして人生をまっとうする。享年63歳。

松平慶永といえば人の使い方が上手く、有能な部下に恵まれた大名だといわれます。本人も「自分には才能はない、人の話をよく聞いているだけだ」と言っているとおり彼は側近の橋本左内や横井小楠の意見を多く採用して幕政改革に一役買います。良い部下を見つけ採用するのも上司にそれだけの才能がなければ出来ないことですから慶永自身も名藩主だったといえるでしょう。

海防が財政を圧迫

松平慶永は田安家の六男として生まれます。田安家といえば御三卿の一つであり、将軍家に近い血筋ですから場合によっては将軍に…ということもあるのですが、家を継げないと部屋住みとして肩身の狭い思いをしてすごすことにもなりかねず、彼は越前福井藩の松平家に養子に出されます。養親亡きあと藩主になった慶永は藩政改革に乗り出します。ちょうど天保の改革の頃にあたりますが、財政難にあったのは中央だけではありません。中央が苦しければ当然地方も苦しい、今も昔も同じですがどちらか片方だけが一方的に潤っているなどということはありません。もちろん福井藩も大変な財政難でした。そこで慶永は家臣の給料削減、歳費も大幅に削減、宴会、贈り物の類を制限するなどして、徹底的に切り詰めました。かなり大幅な改革を断行したと見られているのですが、それにも関わらず藩の財政は苦しいままでした。最大の原因は海防にあります。慶永もペリー来航後は徳川斉昭らと共に攘夷を唱えるのですが、若いときから国防問題の研究に熱心だった慶永は藩内の軍隊、武器を西洋式に改めます。いくら他の面で切り詰めても軍事にお金をかけていたのでは財政の建て直しどころではありません。足りない分は商人から借金をして軍の改革に力を入れるほどでした。

ご意見番から教わる

福井藩を財政難から救えたとはいえませんが、軍事費以外の無駄を切り詰めるといった点では一定の成果を挙げた慶永は非常に水戸の徳川斉昭を尊敬していました。1843年、はじめて福井藩に入るにあたり彼は斉昭に手紙で教えを請います。

その内容というのは「藩主たる者はどのようにあるべきでしょうか」というもので、自分の息子のような年齢の青年から尋ねられた斉昭は丁寧に返答しています。そしてこれをきっかけに慶永は斉昭一派といえるほど徳川斉昭と親しく

なっていくのです。

攘夷から開国へ

この後、右往左往の後に幕府はアメリカと和親条約を締結しますが慶永も攘夷の難しさを知り、また腹心の橋本左内の意見もあり開国やむなしとの考えに傾いていきます。黒船がやってきた当初は斉昭を尊敬して攘夷の旗頭にと考えていたほどですが現実に外国の実力を見せつけられると主義・思想などと堅苦しいことは言わずあっさり考えを変えてしまいます。少し先の話をすると、勝海舟も似たようなところがありますが、このような現実に柔軟に対応できる姿勢が明治政府内でも生き残ることを可能にしたといえます。

慶喜を将軍に

慶永が開国後に考えたのは雄藩連合政権構想でした。雄藩連合政権といえば坂本龍馬が考えた船中八策の構想の一つでもありますが親藩の中（橋本左内の案ですが）にもこのように考えていた大名がいました。ただこの場合は有力大名による連合政権という点は坂本案と共通していますが徳川家がリーダーシップを取るべきだという点では異なっていました。開国という新しい時代を迎え、これまでの幕藩体制から徳川家を頂点とする点は変えないが外様であろうと有力大名は幕政に加え挙国一致で国難にあたる、これこそが慶永の出した結論であり、だからこそ病弱な将軍、家定の後はまだ幼い紀州の慶福《よしとみ》よりも年長で英明の誉れ高い一橋慶喜（水戸の徳川斉昭の息子）こそふさわしいと考え、彼を将軍継嗣にするよう島津斉彬や阿部正弘と共に盛り立てていきます。しかし、京都の公家《くげ》まで巻き込んだ工作活動もこの時点では実を結ばず大老となった井伊直弼により次期将軍が紀州の慶福に決まります。

この後、1858 年、勅許《ちょっきょ》（天皇の許可）なくアメリカ大使ハリスとの間に日米修好通商条約を締結した井伊に対し、違勅条約でありとんでもないことだと責め立てますが逆に謹慎を言い渡されてしまいます。井伊による弾圧といわれるこの安政の大獄の最中、慶永自身が謹慎を言い渡されたり腹心の橋本左内が捕縛、処刑されたりとまさに冬の時代ともいえる有様ですが桜田門外の変で井伊が暗殺された後、彼は再び政治の表舞台に登場します。

政治総裁職に就任

1862 年、島津久光による文久の改革で、一橋慶喜が将軍後見職、松平慶永が政治総裁職に就きます。腹心の横井小楠の意見を取り入れ、まずは参勤交代制を改めるのに着手します。これまで大名は領地と江戸の大名屋敷の間を 1 年ごとに行き来しなければなりませんでした。しかし、どこも財政難のこのような時期にわざわざ無駄な交通費を使わせるわけにはいかないと 3 年に 1 回、江戸に 100 日滞在すればよいというように変更します。節約と同時になるべく長く自分の藩

に居られるようにすることで各大名が藩内政治に力を入れられるようにしたのです。なかなか合理的な考え方ですが、一方で無茶なことも言っています。それは通商条約を破棄しようというのです。曲がりなりにも一度は締結した条約を破棄するとは思い切った意見ですが、その理由は「修好通商条約は将軍が幼いことにつけいって幕府の役人が勝手に結んだものだ。もう一度、一から国を挙げて討議してこそ本当の意味での開国につながる」というものでした。開国という国家の重大問題は井伊直弼が採ったような独裁体制で行われるべきではない、国中で議論すべき問題なのだと言いたかったのでしょう。しかし、一度結んだ条約を将軍が幼かったからあれは無しだ、では通りません。慶喜はじめ幕閣の反対もあり却下されます。

早すぎた大政奉還《たいせいほうかん》の提案

1863年、将軍上洛にあたって慶永が先に京に上り公武合体に向けて水面下での工作を開始します。しかし、すでに朝廷内は攘夷の声が優勢になっていました。先の慶永の条約破棄説は一度ゼロから考え直して開国すべきというもので攘夷というわけではありません。結局、幕府と朝廷で協調路線が取れないならば将軍を辞職して政権を天皇に返上すべきだと主張します。現実を知らない朝廷に苛立つ幕府幹部は大勢いましたが、政権返上までは考えていないのが一般的でした。そこまでする必要はないと却下されると慶永は政治総裁職を辞職して京都を去ってしまいます。その後も朝廷参与や京都守護職など何度か重要な職に就きますが長くは続かず、短期間で辞職してしまいます。どうも、この辺りを見ると松平慶永という人はよくいえば筋を通す人といえますが融通が利かなかったともいえそうです。条約破棄の意見にしても問題が国内だけならともかく一度外国と締結しているのですから勝手に破棄はできないと言った慶喜の意見の方がもっともでしょう。しかし筋を通すことと、徳川家への思い入れが強いために開国問題について徳川家が主導してやり直すべきだと唱えたといえます。

最後まで徳川家のために

その後 1867 年、いよいよ幕府が政権を朝廷に返上し、官軍が江戸に向けて進撃してきたときに慶永の出番はやってきます。慶喜の謝罪文を取り付け、官軍に対し進撃を中止するように働きかけます。すったもんだの末に慶喜は許され、徳川家も存続を許されますが、慶永自身は新政府の役職に就くように要請されます。職を失う幕府の役人も多い中、自分はそんなことは出来ないと辞退しようとしますが、自分が新政府にいることが徳川家を守ることにもつながると考え、新政府内の役職に就いたのでした。民部卿や大蔵卿など短期間に転々と役職が変わり、1890 年に 63 歳で生涯を閉じます。彼の行動のほとんどが徳川家のためであり、まさに徳川本家に忠義を尽くした人でした。

「武力で勝てないなら知力で勝負」
幕府きっての経済通

小栗 上野介《おぐり・こうずけのすけ》

1827年（文政10年）生まれ。江戸時代末期の幕臣、勘定奉行、外国奉行。幕府の財政改革で頭角を現す。同時に軍備の洋式化を進めるが、大国を見て、内側を見ず…。享年42歳。

勝海舟《かつかいしゅう》と同様の開国派でありながら、小栗は同時にバリバリの幕府絶対主義でした。1853年のペリー来航以来、尊王攘夷を唱えた者の中には相手の実力もわからないで闇雲にアメリカとの決戦を騒いでいた連中が多くいましたが、幕府の官僚である小栗は日本とアメリカの実力の差を冷静に受け止めていました。今の日本はアメリカに敵わないと認め、積極的に開国に踏み切り西洋の技術を日本に取り入れるべきだとする立場でした。

しかし、その彼も外のことはよく見えていましたが内側のことは見えず、すでに体制としての疲弊が出てきている徳川幕府をその屋台骨が崩れるまで支えようとし、しまいには君主（慶喜）にまで嫌われる始末でした。

財政部門で頭角を現す

小栗は29歳の時に家督を継ぎます。当時から開国派であり、1860年には日米修好通商条約の批准のための一行に加わりアメリカに渡ります。帰国後は外国奉行、町奉行、勘定奉行などを転々としますが、彼が最も力を注いだのが勘定奉行などの財政部門でした。

享保の改革、寛政の改革、天保の改革と江戸の三大改革とよばれる改革は有名ですがどれも財政にかかわる改革です。いつの時代でも変わりませんが政府が改革を唱える時はまずお金の問題があります。国内産業を充実するにしても、軍備を整えるにしても先立つものがなければ始まりません。そこで税収の増加を図り、それまでの政府の支出を減らして他にお金を回せるように考えるところから始まります。したがって自然と財布を握る財政部門の力が大きくなるのですが、小栗も台所事情が苦しい幕府の財政問題にかかわりながら軍備充実を唱えていました。

金の流出

その彼の行った重要な仕事の一つに金の流出の防止があります。1858 年の日米修好通商条約の締結以来、日本はイギリスやフランスなどのヨーロッパ諸国との通商条約も締結し貿易を開始すると同時に金銀の交換も行っていましたが、ここで日本は大損をしてしまいます。というのは金と銀の交換比率が外国では 1：15 で行われるのが相場であったのに対して日本では 1：5 で交換していたのです。つまり、金貨 1 枚を手に入れるのに外国では銀貨 15 枚が必要なのに対して日本では銀貨 5 枚で済んだわけです。これはボロい商売とば

かりに海外から銀が大量に持ち込まれます。そのせいで大量に国外に金が流出してしまったのですが、これに歯止めをかけたのが小栗でした。彼は銀の価値を３分の１に下げて日本でも金銀の交換比率を１：15にしたのです。海外と同じ比率にすれば金の流出は防げるのは当然と言えば当然ですが、旨みがなくなってしまうため欧米は当然圧力をかけてきます。これに対して、実力でやっつけるわけには行きませんでした（やってもいいですが返り討ちにあうのが落ちです）から理論武装する必要があります。小栗はそのために外国為替法を徹底的に研究したのでした。腕っぷしで勝てないなら理論で勝てばよいという柔軟さが窺《うかが》えます。

軍隊のフランス化

しかし、小栗のこの頭の回転のよさもすべては徳川家が絶対的な権力を維持するためです。幕府の財政再建を進めながら小栗は軍備の洋式化を進めます。具体的にはフランスから技師を招き横須賀に造船所を建設しました。これが幕府のために役立つことはありませんでしたが明治政府が活用し、その後の日清戦争で大いに役立ちます。

本人にとっては皮肉な話ですが小栗による軍備充実は明治政府の海軍の礎になったのでした。しかし、当たり前ですが軍は海軍だけではありません。小栗は陸軍においてもフランス式を積極的に取り入れるように進言し幕府軍の近代化が進みます。

決戦を主張してクビに

1864年に禁門の変で京都に攻め上ってきた長州を徹底的に叩くことを主張し幕府は出兵しますが長州が謝罪してきたことで決着がつきます。後に長州が再度反抗してきた結果からいえば幕府はこのとき小栗の主張のとおりに長州を潰してしまえばよかったのですが先見の明がなかったのか、ここで長州を許してしまいます。

さらに第二次長州征討は失敗、大政奉還後も幕府を挑発する薩摩や長州に対し、ついに鳥羽伏見で開戦したにも関わらず、すぐさま帰ってきた慶喜に対して小栗は江戸城を枕にして討ち死に覚悟の決戦を唱えますがなんと自分が「クビ」にされてしまいます。

小栗にしてみれば徳川家こそが天皇に裏切られたわけであって、官軍と戦うのは当然のことであったのに対し、慶喜にとっては「天皇に逆らうなど恐れ多いこと」であり、許されざる大罪でした。クビにされた小栗は領地の群馬県権田村に帰りますが官軍に捕まり、1868年に処刑されます。有能な官僚だったのですが最後まで「徳川家」を頭から切り離すことが出来なかったために幕府と一緒に本人の生涯も閉ざされてしまったのです。

3

260年ぶりの目覚め、朝廷が表舞台に

桜田門外の変で大老井伊直弼が暗殺されるとそれまでの強硬姿勢から一転、幕府は朝廷との協調路線をとりはじめます。なかでも重要なのが皇女和宮と14代将軍家茂の結婚でした。天皇の妹を将軍の正室に迎えることで朝廷の権威を後ろ盾に政策を進めることができると考えたのです。しかし幕府の読みははずれてしまいます。

開国後、幕府は一貫して諸外国との友好に努めていましたが朝廷はこれをよく思っていませんでした。朝廷を取り込むことで開国路線の前進と国内の安定化を狙っていた幕府は逆に攘夷の実行という重荷を背負わされてしまいます。天皇の妹と結婚したのだから将軍家が朝廷の意向を尊重するのは当然だというのです。これに長州藩が加わり、尊皇攘夷運動はますます激化されることになります。しかし天皇自身が政権は幕府に託す方針であったために討幕運動までには発展せず、逆に長州が京都から追放されて幕府と朝廷の関係が一時的に強化されることになります。

江戸時代、約260年間続いた徳川幕府において朝廷と幕府の力関係が入れ替わる瞬間です。

「まずは逃げろ、それから考える」
勝つためにチャンスを待ち続ける

桂 小五郎

かつら・こごろう

1833年（天保4年）生まれ。長州正義派の長州藩士。「新選組の池田屋事件」、「禁門の変」では命拾いするも、病には勝てず…、逃げの小五郎、病に捕まる。享年45歳。

大久保利通、西郷隆盛と並んで維新三傑に数えられる桂も最初は攘夷派の一人でした。彼もやはり西洋諸国の実力を目の当たりにして尊王攘夷から尊王討幕へと考えを変えていきます。長州藩の指導者的立場にあり、高杉晋作らとともに長州を討幕運動の中心に押し出し、維新後は政府の幹部として内政、外交に腕を振るうことになります。

しかし大久保とそりが合わずに下野《げや》（政治家を辞めること）し、後に復帰するものの1877年、数え年45歳の若さで亡くなります。

過激な尊攘派だった青年時代

桂は長州の和田家に生まれます。後に桂家に養子に出されて桂小五郎となり、学問と剣術の両方に才能を発揮します。文武両道だったのです。しかも美男子でしたから天は桂に二物どころか少なくとも三物は与えていたことになります。世の中不公平にできているものです。

学問は長州の尊王攘夷派の学者、吉田松陰に学び、剣術は江戸に出て斎藤弥九郎の道場で学びます。斉藤道場は当時江戸の三大道場とよばれており、そこで師範代になるぐらいの腕でしたから相当の腕前です。

ペリー来航時には相模海岸の警備の役にあたっていましたので黒船騒ぎのまっただ中にいました。

このときに黒船に怖じ気づくのではなく逆に「異国撃つべし」と尊王攘夷に傾き、30歳近くになる頃には攘夷派につくか幕府に従うか迷っていた藩主に藩論を尊王攘夷にするよう説得するなど藩内における攘夷派の指導者的立場に立っていました。

長州が京都から追放される

しかしここまでは順風満帆だった彼の人生にももちろん坂道はやってきます。

1863年、薩摩と会津の陰謀により尊王攘夷の旗頭である長州が京都から追放されてしまいます。何とか長州の立場を挽回しようと、桂は京都と長州の間を駆け回ります。

長州は殿様が「そうせい侯」とよばれるほど部下の意見に対して「そうせい、そうせい」と流されやすいことで有名でした。

したがって長州が京都から追い出された後に藩内の幕府恭順派が息を吹き返さないように気をつける必要があったのです。

都に攻め込む

翌1864年6月には京都の池田屋で長州や肥後の攘夷派の志士が集まって密談しているところを新選組に踏み込まれ、集まっていた志士たちは斬り殺されるか捕縛されてしまいます。桂もこの席によばれていたのですが、行くのが早すぎて、まだ人が集まっておらず、近くに友人を訪ねていて命拾いします。

しかし、池田屋で藩士を殺された長州藩は頭に血が上り、同年8月京都に攻め上ります（禁門の変)。「長州一藩だけが京都に攻め上ってきても返り討ちにあうのが落ち」と考えた桂は京都で他藩に協力を仰ぎますがことごとく断られます。結局、長州藩は薩摩会津の連合軍にぼろ負けしてしまいます。

幾松に助けられる

京都に攻め込み、天皇に刃を向けてしまってはさすがに桂もそのままではいられません。新選組の警備も厳しかったので、乞食に成りすまし一週間ほど京都に潜伏した後で脱出します。京都潜伏中は馴染みの芸妓の幾松《いくまつ》から差し入れをしてもらい、脱出の際にも彼女に手助けしてもらっています。

彼女とは以前からの馴染みでしたがここまで助けてもらって、ハイさようならでは格好が悪すぎます。禁門の変の後に長州では討幕派が一時弱体化するものの高杉が藩内の実権を握り再び藩を討幕路線に戻すと桂にも戻ってくるよう連絡が来ます。

そこで桂は京都から幾松を呼び寄せ結婚します。ちなみにこの時期に桂から木戸孝允へと改名したのです。

逃げの小五郎

池田屋ではうまく災難から逃れ、禁門の変でも乞食にまで化けて逃げ延びたことから「逃げの小五郎」と揶揄《やゆ》されますが桂の「逃げ」は非難どころか称賛に値します。どうも世の中、正々堂々が好きな方が多く、逃げることを非難する向きもありますが、立ち向かうにしても時と場合によります。どう考えても勝てないときにあえて突撃するのは潔いかもしれませんが勝つことを考えた態度ではないでしょう。本当に勝ちたいのであれば勝てないときは戦わない、チャンス到来を待ってじっと我慢するのが肝心です。我慢してもチャンスが来ずに終わる場合もありますが、少なくとも時期を誤って勝てることはありません。ヤバいとなれば平気で逃げる桂は臆病だったかもしれませんが賢明だったともいえます。

渋々ながら同盟締結

長州に戻った桂は幕府の第二次長州征討に備えて藩内の準備を整えます。しかし、長州だけでは幕府に勝つことはできません。どうしたものかと悩んでいた桂のところに坂本龍馬《さかもとりょうま》から「薩長同盟の締結」という長州としては飲み難い、しかし同時に魅力的な提案がやってきます。薩摩といえば会津と

組み、攘夷の先頭を走っていた長州を京都から追放した、憎んでも憎みきれない相手です。「こんな奴らと手を組めるか」と言いたいところですが薩摩はイギリスから最新式の武器を輸入しています。これを坂本の貿易会社である亀山社中経由で長州に運び込めば幕府に対抗できるほどの軍備が整います。最初は利益よりも気分が優先し、同盟を拒みそうになりますが背に腹は変えられません。最終的には薩摩との間に秘密同盟を締結します。

大久保と対立

これが決め手となって薩長による討幕運動は成功し、明治政府で桂（木戸）は参議などの重職につきます。天皇が神に誓うという形で出された建国宣言の五箇条の御誓文は桂が最終的にまとめたものですし、版籍奉還や廃藩置県なども積極的に行い、新政府の中心的存在でした。しかし、征韓論を唱えた西郷が大久保と争って下野し、その後に不平士族の不満のはけ口として征台論（台湾出兵）を提案する大久保と争って木戸は下野してしまいます。「西郷に対して、今は戦争なんかしている場合じゃないと言ったのは大久保だろう、その大久保が台湾出兵を言い出すのは筋にあわないじゃないか」と考えたのです。もともと薩長同盟以前から大久保のことは嫌っていましたから下野したときには清々したという気分もあったでしょう。

病気からは「逃げ」られなかった

　しばらくは悠々自適に過ごしますが、長州時代の子分の伊藤博文《いとうひろぶみ》が大久保との仲を取りもって政府に復帰します。しかし、やはり大久保とは反りが合わず、しかも伊藤までが大久保にすり寄っているのを見て不満絶頂の木戸は何度かやめようとします。必要に応じて「逃げ」をうつことはありますがまっすぐなタイプだったので老獪《ろうかい》な大久保とはあわなかったのでしょう。1877年、西郷が政府に対して引き起こした西南戦争の最中、病に倒れていた木戸は京都で「西郷、もういいだろう」と維新の盟友を心配しながら45歳の若さで亡くなります。逃げの小五郎でしたが、病気にはずいぶん早く捕まってしまいました。

「どうせなら面白おかしく生きてやろう」
大国を相手に大立ちまわり

高杉 晋作

たかすぎ・しんさく

1839年（天保10年）生まれ。幕末の長州藩の尊王討幕志士として活躍。奇兵隊などを創設し、長州藩を討幕に方向付け維新を成し遂げた功労者の一人。だがその実現は見ず。享年29歳。

「英雄色を好む」とは高杉のためにある言葉かと思うほどモテます、そして遊びます。萩一といわれる美人の妻を持ちながらあちこちで浮気し、尼さんとまでデキてしまうほど倫理観という言葉とは縁遠い人物で、ここだけ見ればとんでもない遊び人ですが、頭も切れます。長州一国を尊王攘夷から尊王討幕へと転換させ、明治維新を成し遂げた功績者の一人に数え上げられますが残念ながら彼は維新の成功を見ずして29歳の若さで世を去ることになるのです。

吉田松陰との出会い

長州藩に生まれた高杉は1857年、19歳の時に松下村塾に入り吉田松陰に師事します。吉田松陰は激しい尊王攘夷派であり、ここで学んだ高杉も当然、最初は尊王攘夷思想の持ち主でした。吉田松陰も高杉晋作も長州藩の藩士ですから尊王へと傾くことに不思議はありません。当初、長州藩は朝廷と幕府の仲を取りもち、朝廷から幕府に艦船を建造するように命じさせた上で海外進出を狙うといった「航海遠略策」とよばれる方針を採っていました。しかし、それでは幕府を救うことになると松陰門下生の高杉らが猛反対して藩論を尊王攘夷に導きます。

西洋文化に圧倒される

ところがその後、高杉は清への貿易使節に同行して上海に渡航したのをきっかけとして考えを変えます。港にならぶ西洋諸国の艦船や町の建造物を見て西洋諸国の武力だけでなく、その経済力や文化に圧倒されたのです。清は 1840 年のアヘン戦争、1856 年のアロー戦争（第二次アヘン戦争）の二つの戦争により英仏による植民地化が進められていました。その清を見て、西洋と衝突して戦うのか、それともこの文化を吸収して日本のものにしてから改めて西洋諸国に対抗するかを考え、後者を選択したのです。そこで高杉は持論を尊王攘夷から尊王討幕へと切り替えます。攘夷をやめたのはともかく討幕思想を持ったのはなぜでしょうか。

長州藩の怨み

もちろん外国に突き上げられ右往左往する幕府の態度を見てもう徳川幕府はもたないと判断したというのもありますが、長州藩士ならではの理由もありました。長州藩主の毛利家は関ヶ原の戦いで徳川家康率いる東軍に対抗する西軍の盟主でしたがさまざまな事情から関ヶ原ではほとんど動くこと

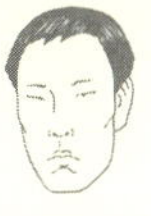

がなく敗退しました。直接刃を向けたわけではないので家康から毛利家を取り潰されることはありませんでしたが大幅に領地を削減されてしまいます。この怨みは長州藩内に延々と受け継がれており、隙あらば幕府を倒したいとの思いは長州藩士であれば当然抱いていました。1853年の黒船来航以来の幕府の動揺はまさにチャンスでした。だからこそ高杉も無理な尊王攘夷は早くやめて日本の富国強兵に努めるべきであり、そのためには弱りかけている幕府を倒して新たな日本を作る方が手っ取り早い、それこそ日本全体のためになり長年の長州の悲願であった討幕も果たせると考えたのでしょう。

奇兵隊を組織

そこで高杉は藩内に奇兵隊とよばれる庶民軍隊を創設します。身分を問わないこの軍隊には町人や農民も加わっていました。農民から武士まで一丸となって長州藩を突き動かし、長州から討幕の狼煙《のろし》をあげようというのです。

当時、長州藩は幕府寄りの俗論党とよばれる派閥と討幕を唱える派閥の二つに分かれていました。この二つが均衡した勢力であったことが災いして、ころころと藩の態度が変わってしまいます。これではいつまで経っても幕府を倒せないと判断した高杉は実力で藩を抑えるために奇兵隊をつくったのでした。

しかし、長州は1863年5月に下関でアメリカの商船を砲撃して攘夷を実行しますが、同年8月には会津、薩摩の陰謀により京都から追放されてしまいます。これまで尊王攘夷を唱えて帝《みかど》のために頑張ってきた長州には酷な話ですが悪いことは重なります。

イギリスを手玉に取る

翌年、挽回を狙って長州藩は京都に攻め上りますが惨敗（禁門の変）、さらに下関にアメリカをはじめとする艦隊が報復にやってきます（四国艦隊砲撃事件）。ここでも惨敗した後に講和条約の締結のために話し合いが行われます。イギリス側の要求は莫大な賠償金か領地の租借でしたが高杉はこの難局を賠償金を払わず、領地も渡さずにクリアします。

高杉は「賠償金を払ってもいいし、領地も貸していいがそれならあなた方は長州を一つの国家として認めることになるがいいのか。もともと我々は帝の命で幕府が行うべき攘夷を代わりに実行したにすぎない、その責任を我々に取れというならあなた方は長州を一つの国家として認めることになるのだぞ」と言います。

相手からすればここで長州を独立政権と認めるとこの後いくつの藩とその都度、通商などの条約を結ばなければならなくなるか分かったものではありません。結局どちらも諦めます。高杉は幕府に責任転嫁し同時に長州の責任をうやむやにすることに成功したのでした。

その後、幕府が禁門の変の責任を問うために長州征討にやってきます。その間は俗論党が息を吹き返して藩を牛耳っ

ていたので幕府に謝罪し、恭順の意を示しますが高杉は藩外に脱出します。一度外に逃げて改めて討幕の作戦を練ろうとしたのです。しかし、1865 年に奇兵隊を率いて藩の権力の奪回に成功し、幕府の第二次長州征討も退けこれからいよいよ討幕へと思われた時に肺結核で倒れます。

結局 1867 年に維新の実現を見ることなく死亡してしまいますが、「おもしろき　こともなき世を　おもしろく」との辞世の句を読んだ高杉は十分に彼の人生を楽しんで世を去りました。

「動乱の時こそ名を成す好機」
幕末に現れた山師

清河 八郎

きよかわ・はちろう

1830年（文政13年）生まれ。幕末の志士で浪士組の幹部。文武両道の天才は幕府を出し抜いたつもりだったが…、最後にはだました報いを受ける。享年34歳。

世の中が混乱するとそれに乗じて一儲けしてやろうという山師《やまし》も数多く登場します。ある意味で新選組の生みの親である清河の場合もそうでした。出羽の国（山形県）庄内藩の庄屋の息子が一旗挙げてやろうという面では八郎青年の上京物語とでもいえますが、幕府にいっぱい食わせて一大組織を作り上げたその腕は立派な山師でした。

清河塾は江戸で唯一の文武両道の塾

清河八郎は出羽の国庄内藩に生まれます。父親は庄屋の斉藤豪寿《ひでとし》といい、書画や骨董などに通じ、息子の教育にも熱心でした。息子も熱心に勉強に励み1847年に江戸に上り東条塾に入門します。同時に隣にあった千葉周作の道場（玄武館）にも通い、北辰《ほくしん》一刀流の免許皆伝を得ます。そうです、清河はただの山師ではなく文武両道の人だったのです。今なら東大に入れるオリンピック日本代表でしょうか。そこで清河は1859年に学問、剣術の両方を教える清河塾を立ち上げます。

江戸には学問を教える塾や剣の道場は多数ありましたが一つの塾で剣も学問も教えるというのは清河塾だけでした。

大老暗殺にショックを受ける

剣の腕や学問の才能によって自分の名を世に広めることを目指していた清河でしたが、1860年の桜田門外の変により大老井伊直弼が暗殺されたことでショックを受けます。ここでの清河のショックとは幕府の要人が殺されてしまったことに対するものではなく、尊王攘夷を行動に移した水戸浪士に対する驚きと尊敬の念でした。「自分はこれまで江戸で教育活動に専念していたが、それだけでは清河八郎の名前は天下に轟《とどろ》かない。天下に清河ありと認めさせるには江戸で平々凡々としているだけではダメなのだ。思想の実践こそが重要なのだ」と清河塾で尊王攘夷の志士たちを集め、虎尾《こび》の会という集団を結成します。そして横浜の外国人居留地の焼き討ちを計画しますが事前に幕府に知られ失敗します。

町人を斬ってお尋ね者

焼き討ち計画をみると清河はただのテロリストだともいえます。長州の尊攘派もイギリス公使館の焼き討ちを実行していますが、彼らの場合は藩の後ろ盾が計算できました。その点、清河には何の支えもなく無頼といえば格好はいいですが実際は怪しいテロ集団と見られていました。一度の失敗では懲りない清河は次の計画を練っていた矢先、江戸で喧嘩をふっかけてきた町人を斬ってしまいます。天下に名を轟かせたいという大望？を抱く人間にしてはずいぶん軽率な行動ですが、これが理由で江戸にいられなくなり幕府の手を逃れるために東北から西国へと逃げ回り、京都に潜伏します。

大胆な提案

清河は京都で尊王攘夷派の志士たちと挙兵をしようと意気込み、1862年、上京してくる島津久光が自分たちを応援してくれるだろうと期待します。しかし逆に久光は尊攘派を京都で弾圧します。せっかくの計画がまたまた頓挫してしまった清河はそれでもあきらめません。今度は幕府に対して浪士をまとめて連れて行くように提案します。幕府に対して挙兵しようとしていた人間が、どの面下げて幕府に提案などできるのでしょう。ところが清河は「朝廷の念願である攘夷の実行と大赦の発令、そして天下に役立つ人材の教育を」と政治総裁職の松平慶永に提案し、受け入れられます。

浪士組を結成

大赦《たいしゃ》とは犯罪を許すことであり、清河にしてみれば自分が人を斬ったことも許してくれという都合のいいものですが、同時に幕府にしても江戸で暴れている尊王攘夷の浪士たちをまとめて京都に送ってしまえば、それだけでも厄介払いができます。また、彼らに京都の警備をさせれば京都の尊王攘夷派を始末することもできて一石二鳥と喜んで清河の提案を受

け入れます。これで清河は浪士組《ろうしぐみ》という組織を作ることに成功し、彼らを幕府の金で京都に連れて行きます。京都に到着すると浪士組約 230 人を一堂に集め、「我々は幕府のための組織ではない。本来、尊王攘夷の大義を実行するために集まった集団である」と宣言し、浪士組を天皇の軍隊とするように朝廷に申し入れて認められます。

だました報いを受ける

驚いたのは幕府のほうです。上洛する将軍家茂の警護や京都の治安維持を目的として派遣した浪士組が突然、尊王攘夷を唱えて幕府に逆らってきたのですからたまりません。清河に一杯食わされたことに気づき、江戸に浪士組をよび戻します。戻った清河は浪士組を使って今度こそ横浜の外国人居留地の焼き討ちを実行しようと計画しますが、幕府が放った刺客に暗殺されてしまいました。学問の才能があって、剣の腕もよかったようですが、いくらなんでも 200 人程度の軍隊を率いて江戸にのこのこ戻ってくるあたり油断していたとしか思えません。おそらく本人にしてみれば、朝廷の軍隊を率いる自分に簡単には手出しできないだろうと考えていたのでしょうが、暗殺してしまえば犯人は不明にできるのですから清河の考えは甘すぎました。幕府を出し抜いたつもりの清河でしたが昔、自らの結成した集団の名前（虎尾《こび》の会）のとおり虎（幕府）の尾を踏んでしまい最後には食われてしまいました。

「京都の治安はわれらが守る」
隊の秩序を守るためなら仲間も殺す壬生の狼

新選組《しんせんぐみ》

近藤勇、土方歳三、芹沢鴨、沖田総司が登場。

新選組といえば京都の治安を守った組織であると同時に隊の規律を守るためには仲間同士でさえ血で血を洗う殺戮《さつりく》を繰り広げた集団です。隊内において法度《はっと》の違反者には切腹、打ち首と非常に厳しい規律を設けて組織を統一していました。もともと、それまで軍隊としてまともな訓練を受けていない者たちが薩摩や長州の過激な尊攘派を相手に互角以上に斬りあいを繰り広げることができたのも、この厳格な規律によって組織としてうまく機能していたからだといえます。

近藤勇　こんどう・いさみ　1834年（天保5年）生まれ。

言わずと知れた新選組局長です。武蔵野国、調布で農家の三男として生まれますが試衛館《しえいかん》に通い、近藤周助に剣術を習っているうちにその才能を見込まれて道場の後継ぎになります。1863年、清河八郎が将軍警護を目的として浪士を募集した際、近藤率いる試衛館のメンバー（土方歳三《ひじかたとしぞう》や沖田総司《おきたそうし》ら）も応募して京都に上ります。清河は京都に到

着すると、「浪士組は尊王攘夷の先鋒として江戸に下る」と宣言しますが近藤や芹沢鴨らはこれに反対して京都に残ります。このときが事実上の新選組の誕生の場面です。しかし京都残留を選択したまではよかったのですがもともと幕府の費用で京都に上ってきており、その後にあてがあるわけではありませんでした。

資金繰りが苦しかった新選組

そこで近藤は京都守護職の松平容保《まつだいらかたもり》に京都市中の治安維持を自分たちに任せてもらえるように願い出ます。容保にとっては清河の率いる浪士組が京都の治安維持に当たる予定だったところが、その清河が突如幕府に反旗を翻《ひるがえ》して尊王攘夷の先駆けだと宣言し江戸に戻ってしまったので、誰に京都の警備を任せようか悩んでいたところでした。そこに近藤らが自分たちに京都の警備を、と申し出てきたのは好都合でした。早速、近藤らを会津藩の預かりとします。

このあと彼らは当初、壬生《みぶ》浪士組と名乗って京都の治安維持に努めます。ただ、最初のころは資金繰りが苦しく隊士の夏服の用意にも困るあり様で芹沢らと共に両替商に押しかけて金を借り、借用書を残しています。無骨な性格だった近藤はとにかく金の工面が苦手でその後、幕府を通じて会津藩から給与が支払われるようになった時にはこれでやっと一息つけると安心したことでしょう。

池田屋事件

1864 年、新選組最大の見せ場となる池田屋事件では長州藩士をはじめとする尊王攘夷派が集まっている旅籠《はたご》の池田屋に奇襲攻撃を仕掛けます。相手は油断しているとはいえ20人以上が集まっている場所に近藤はわずか10人の隊士を連れて斬り込みます。しかも初めに乗り込んだのは近藤を含めてわずか5人です。いくら相手が油断しているとはいえ多勢に無勢、新選組もかなりの被害を被ったのではないかと思われるでしょうが、死者1名、重傷者3名と被害を最小限に抑え反対に攘夷派の志士たちの多数を捕縛または討ち取り圧倒的な勝利を収めます。戦いが進むにつれて応援が駆けつけますが、数で劣っていた新選組がこれだけの戦果を挙げられたのには彼らの戦法が非常に実践的だったことに理由があります。

決死の覚悟で飛び込む

近藤は自身が斬り合いの場に赴く時は常に死ぬつもりで向かっていたといいます。生き延びようとするのではなく死ぬ気で相手に斬りつけていくのです。死を覚悟した人間ほど怖いものはありません。自分が死ぬのは怖くありませんから猛然と相手に突っ込んでいくことができるのです。（実際そこまで覚悟できていた隊士がどのくらいいるかわかりませんが）腕の一本ぐらいやっても相手を確実に仕留める、このような覚悟で突っ込めば確かに若干技術が劣っていても相手を討ち取れる可能性は高くなるでしょう。つまり、新選組は剣の技術も高いものでしたが、それよりも常に死ぬ覚悟をしていたことに彼らの本当の恐ろしさ、強さが現れていたといえ

ます。さて、池田屋事件で一躍名を上げた新選組ですが鳥羽伏見の戦いでは明治政府軍の前に敗れてしまいます。徳川家から官軍に勝利した暁には10万石の大名に任命する旨の内示を受けた近藤は軍資金を集め、新たに甲陽鎮撫隊《こうようちんぶたい》と名乗る組織を結成し、明治政府軍に挑みますがあえなく敗れ、捕虜となった後に斬首されてしまいます。死地に活路を見出す新選組の精神も官軍の最新兵器の前にはためす術がありませんでした。

土方歳三　ひじかた・としぞう　1835年（天保6年）生まれ。

鬼の副長といわれる土方歳三ですが、彼は新選組の闇の部分、汚れ役を一手に引き受けていました。隊の規律の厳格化に努め、規律違反者や隊を割って出ようとする者には徹底的に弾圧を加えます。

その一例が副長の伊東甲子太郎《かしたろう》の暗殺です。当時、孝明天皇《こうめいてんのう》御陵衛士《ごりょうえじ》という新たな組織をつくるために新選組の脱退を申し出た伊東に対して近藤、土方は表向きは了承し、これからもお互い協力してやっていこうと伝えます。ところが実際には伊東の御陵衛士にスパイを送り込み、彼らの動きを逐一報告させます。そして今が好機と判断した時に伊東を近藤の愛人宅によび、酒宴をひらきます。宴会ではお互いの労をねぎらい和気あいあいとしていたのですが、伊東が十分に酔ったのを確認してから帰り道で暗殺させます。さらに伊東の遺体を油小路にさらし、取り返しにきた御陵衛士の者たちを惨殺してしまいます。土方はこれ以前の芹沢暗殺にも一役買っており、組織を守るためなら心を鬼にして裏切り者を始末していました。新選組の表の大将が近藤なら土方こそが影の支配者といえるでしょう。局長の近藤が表立って暗殺やだまし討ちを奨励していたのでは士道を重んじる隊内でしめしがつきません。そのような汚れ役は土方が引き受けることで隊内を引き締めていたのです。

最後の最後まで戦った土方

旧幕府軍が官軍と衝突した鳥羽伏見の戦いでは近藤が負傷すると代わりに隊の指揮を執ります。善戦むなしく官軍に敗北し、近藤も捕まり処刑されてしまいますが、関東各地を転戦したのちに会津で近藤の墓を建てます。会津に来たのはこれが初めてでしたが新選組の庇護者である会津藩主松平容保《かたもり》の領地だったので安心し、親友をこの地に葬ってやりたいという思いがあったのでしょう。その後、会津藩の戦列に加わりますが会津が降伏すると旧幕府軍海軍奉行の榎本武揚と組んで 1868 年、北海道共和国を建国します。京都から関東、東北、北海道と後退し続けるのですが新選組にいたころから戦続きの人生です。幕末にこれほど戦争に明け暮れた人も多くはいないでしょう。陸軍奉行並という実質的ナンバー2になった土方はこの地で最後の戦いに臨みます。1869 年、官軍の猛攻撃に耐えますが城を包囲されると 5 月 11 日、包囲網突破を目指して馬を進めていたときに銃弾を腹部に喰らって死亡します。新選組時代は京都の治安を維持し、隊の

規律を守るためなら闇討ち、だまし討ちもした男の正々堂々の正面突破を図った最期でした。

芹沢鴨　せりざわ・かも　1827年（文政10年）生まれ。

芹沢鴨といえば新選組初代局長の一人です。そのあまりのアウトローぶりに悪役として描かれることが多い鴨ですが本当に悪者です。浪士組として江戸から京都に行く途中、近藤の手違いで芹沢たちの宿が用意されていないことを知ると代わりの宿の手配を断って「ここで結構」と野宿をして道中で焚き火をはじめます。それも焼き芋を焼くような可愛いものではなくキャンプファイアーのような焚き火でした。一度、へそを曲げると簡単には収まらない性格らしく、局長になってからも豪商に金を借りに行って断られると蔵を焼き討ちにするという強盗まがいの行動も起こしています。それもそのはず、この芹沢鴨、実は一度は死刑を言い渡されたこともある大犯罪者なのです。もとは水戸の出身で神道無念流の免許皆伝という相当な使い手でもあったのですが過激な尊王派であり天狗党にいたころは粗暴で部下を斬首したこともある筋金入りのワルでした。このワルが死刑を赦《ゆる》されて浪士組に応募し、後に新選組の局長になるのですから周りも苦労します。

切り刻まれた鴨

ただ、初期の新選組はかなり資金繰りに困っていたので押しの強い芹沢の存在はありがたくもありました。ですから乱暴者振りには困るものの、金は運んできてくれる頼りになる存在として一部では支持もされていました。ただ、近藤一派とは彼らの剣術を田舎剣法などとして馬鹿にしていたためにあまり上手くいっていなかったようです。しかし実は彼も武士ではなく豪農の三男だったので自分の出自に対するコンプレックスを人を馬鹿にすることで紛らわしていたのかもしれません。

そんな愛されるべき？哀しいワルの芹沢ですが、さすがに乱暴が過ぎました。金の押し借り、傷害（もちろん治安維持目的以外の事件です）、さらには人妻を宿舎に強引に連れ込み自分のものにしてしまいます。これでは治安維持どころか新選組の方が治安を乱す元になりかねないと会津藩から芹沢を暗殺するよう指令が出ます。そして1864年9月、宴会の後に酔って寝ていた芹沢を近藤の指示により土方、沖田らの5人で襲い殺害します。

こうして新選組初代局長は無法者を貫いて死んでしまいました。

沖田総司　おきた・そうし　1842年（天保13年）生まれ。

近藤や土方が農民の家に生まれたのに対して沖田は正真正銘の武家出身でした。ただ、武家とはいっても父は奥州白川藩の下級役人であり、さらに藩の緊縮財政によってリストラされてしまいます。そこで口減らしのためにということで預けられた先が試衛館だったのです。10歳になるかならないかのうちに試衛館の内弟子になった総司ですが、彼はいつも腹を空かせていました。彼の仕事は家事手伝いであり、薪割りや、食事の用意、風呂の準備など朝早くから夜遅くまで働かされたにもかかわらず食事は十分ではありませんでした。そのような生活に変化が起きたのは試衛館の主が近藤周介から養子の勇に代わったときです。勇は腹を空かせていた沖田に内緒で握り飯をやっていたり、何かと総司のことを気にかけていました。総司も近藤勇を兄のように慕って道場でも腕を上げ、10代で免許皆伝、20歳になる頃には塾頭を任される腕になっていました。

その後、近藤たちと共に新選組を結成し、沖田は一番隊隊長に任命されますが彼の得意技は三段突きでした。受けた相手は突きを一本喰らったと思っていたらなんと三本も入れられていたというのです。総司の突きがどれだけ早かったかを表しており、屋内、特に天井が低い場所では刀を振り上げるわけにはいかなかったので三段突きが絶大な効果を発揮します。池田屋事件がまさにそうでした。二階から飛び降りてくる相手に対して三段突きを次々に繰り出し、とどめを刺していました。

ただ、剣の腕は抜群なのに対して体が弱く肺結核に襲われ、1868年、27歳の若さで亡くなってしまいます。天才剣士の早すぎる死でした。

「攘夷こそが日本を守る最良の手段」
幕末の波に振り落とされた悲運の志士

武市 半平太

たけち・はんぺいた

1829年（文政12年）生まれ。土佐藩郷士。上士扱いにまでなったという自信が、尊王攘夷と一藩勤王の信念を貫かせたが…、攘夷思想から抜け出せず身を滅ぼす。享年37歳。

坂本龍馬、高杉晋作、桂小五郎、彼らは当初は攘夷派でありながらしだいに開国へと考えを変えていきます。西洋の実力を目で見て肌で感じる、彼らはそういう経験によって攘夷が不可能であることを知ったのですが武市の場合は違っていました。

彼は江戸の三大道場の一つの桃井道場で剣術を学び、塾頭まで務めました。剣の腕は抜群で後に土佐勤王党を組織して土佐一藩が丸ごと攘夷に参加すべきとする一藩勤王論を唱えます。ここまでは高杉や桂と変わらないのです。しかし、高杉、桂が西洋の実力を間近で感じる機会があったのに対して武市にはそれがありませんでした。孫子に「敵を知り己を知れば百戦危うからず」とありますが彼は最後まで敵の実力を知ることがないまま死んでしまいます。

上士扱いだった武市

武市半平太は土佐藩の郷士《ごうし》（下士《かし》ともいいます）、武市家に

生まれました。号が瑞山であることからよく武市瑞山ともよばれます。剣術に優れ、江戸の桃井道場で学ぶ前は藩の命令で藩内各地で剣の指導にあたっていました。彼はその才能を認められ、郷士でありながらも上士《じょうし》格の扱いを受けていました。ところで上士、郷士と出てきますがこれは武士の階級のことです。一概に武士といってもピンからキリまでありました。土佐藩では関ヶ原の合戦以後に土佐の藩主になった山内一豊に従っていた武士を上士、関ヶ原以前の土佐を治めていた大名、長宗我部家に仕え後に山内家に仕えた武士を郷士（下士の階級の一つ）とよんでいました。

土佐勤王党を結成

もちろん上士が上で郷士が下です。土佐では山内一豊が土佐の藩主に任じられて赴任した後、もともと土佐にいた長宗我部系の武士の徹底抗戦にあいました。うまくなだめることができずに山内一豊も弾圧でこれに対抗したために土佐では幕末に至るまで上士と郷士のいがみ合いが続きます。武市は上士扱いではありましたが、郷士出身ということで上士たちからよく思われていませんでした。

このように土佐では肩身の狭い思いをしていた武市ですが、1860 年には剣術修行をかねて中国・九州の情勢を見て回り、翌年には江戸に出るなどして薩摩や長州の諸藩の藩士と交友を重ねていくうちに尊王攘夷の思想を持つようになり、やがて土佐勤王党を結成します。

勤王党の障害

土佐勤王党には坂本龍馬や岡田以蔵《おかだいぞう》、中岡慎太郎《なかおかしんたろう》らの郷士が加わっており、土佐の一大勢力となります。武市の考えは「一藩勤王」であり、土佐藩全体で尊王攘夷運動に加わることにありました。これには彼と交流のあった長州藩士や薩摩藩士の影響も少なくなかったでしょう。特に長州では藩主が攘夷運動に否定的ではなかったこともあり、藩士の攘夷活動も盛んでした。これを聞いて土佐でも藩を挙げての攘夷ができると考えたのでしょうが長州と土佐では事情が違います。長州藩は関ヶ原の合戦で徳川家康に敵対した毛利家の治める藩であるのに対して、土佐は家康に従った山内家が治める藩です。従って、武市が主導して土佐を攘夷派へと動かすには二つの障害がありました。一つは、郷士出身である自分は山内家や上士である藩の幹部から嫌われていることであり、もう一つは、藩のトップである山内容堂《やまうちようどう》がはっきり徳川家支持を打ち出していたことです。

東洋を暗殺

しかし、それでも武市はあきらめません。郷士であった自分が「上士扱い」にまでなったという自信も手伝って尊王攘夷と一藩勤王の信念を貫きます。まずは容堂の側近である吉田東洋を暗殺して藩の方針が幕府支持の開国派から攘夷派に変わるよう図ります。当時、吉田東洋が参政という藩の重職

にいたから彼を狙ったというのもありますが、もうひとつ、吉田を暗殺した理由には吉田の出自にありました。

実は吉田も元をたどれば長曽我部系の武士であり、その吉田が上士の連中と組んで郷士である自分たちと敵対するとは裏切り行為ではないかという批判がありました。加えて土佐の開国派の筆頭ということもあって暗殺のターゲットにされたのです。

容堂に対する脅し

どうせ狙うなら容堂を狙ったほうが早いのではないかという気もしますが、なぜ吉田がターゲットにされたのでしょうか。主人を殺すなどとんでもないという武士としての倫理観が働いたという考えもありますが、これはよく考えた脅しと捉えるべきでしょう。前藩主とはいえ、容堂を殺してしまうと明らかに幕府に対する謀反です。武市が土佐を牛耳るどころか幕府が調査に乗り出して、いずれは土佐勤王党が幕府に弾圧されてしまうでしょう。しかし、容堂の腹心である吉田を殺すに留めておけば山内家の家臣が殺された問題で幕府が出てくることはありません。しかも、「これでも攘夷派を認めないなら次は…」という容堂に対する脅しにもなったのです。

攘夷を実行させる

さて、首尾よく吉田を暗殺して土佐藩内の中央に躍り出た武市は、次はいよいよ京都へ上るぞと意気込みます。彼の狙いは尊王攘夷ですからまずは天皇から攘夷の命令をいただこうというのです。ちょうど藩主が山内容堂から息子の豊範《とよのり》に変わっていたことも幸いし、1861 年、豊範に随行して京都に上ります。ここで攘夷派の三条実美らと会合を持つなどして積極的に朝廷工作をした結果、幕府へ攘夷を促す使節を派遣することになります。武市もこれに随行します。さらに 1863 年、攘夷が実行されるように長州や朝廷の尊王攘夷派らと画策し、将軍家茂が上洛した際に 5 月 10 日を攘夷実行の期限にすることころまでこぎつけます。

見極めを誤った武市

しかし、実際に 5 月 10 日に長州が攘夷を実行したまではよかったものの、アメリカからの反撃にあって惨敗すると雲行きが怪しくなります。京都留守居役という職にあった武市ですが命令により藩に帰ると、藩主の地位は退いたものの依然として藩の実力者である容堂に対し、藩論を攘夷にするよう説得を試みます。

長州の攘夷実行が失敗に終わった時点ですでに流れは変わっていたのですが、武市はこれを感じ取ることができませんでした。あるいは分かっていてもここまで盛り上がっていた土佐勤王党を攘夷以外の方針でまとめる手立てが思い浮かばなかったのかもしれません。

土佐で逮捕される

しかし攘夷の方針を切り換えられなかった武市をおろかだと非難するのは酷でしょう。薩摩や長州であれば攘夷が難しいとなれば討幕へ舵を切りやすかったのに対して武市の場合は藩が佐幕派《さばくは》（幕府を佐ける＝たすける、という意味でこうよびます）であったことから簡単には討幕には変えられないという事情もありました。土佐勤王党の解散を命じられ、その後長州が京都から追放されると、尊攘派の劣勢は明白になり武市も土佐で逮捕されてしまいます。

勤王党の影響

武市の罪状は、表向きは藩主に対する不敬罪ですが実際は吉田東洋暗殺の罪でした。しかも、武市は勤王党の部下である岡田以蔵らを使って他にも反対派の人間を暗殺させていました。一度は力ずくで権力を奪うことに成功しましたが結局は奪い返されてしまい、２年近く獄中生活を送った後に切腹を命じられます。武市は攘夷思想から抜け出すことができずに身を滅ぼす羽目になりましたが、武市がつくった土佐勤王党には坂本龍馬や中岡慎太郎らもおり、後に彼らが活躍するきっかけになったことは確かです。その意味では武市も幕末の日本に大きな影響を与えたといえるでしょう。

「暗殺は鮮やかさよりも確実さ」
チームワークを徹底した暗殺のプロ

岡田 以蔵

おかだ・いぞう

1838年（天保9年）生まれ。土佐藩郷士。土佐勤王党に加わった幕末四大人斬りの一人。凄腕で暗殺業に勤しみ過ぎて自滅する。享年28歳。

「人斬り以蔵」として有名な岡田以蔵ですがもともとは下士の身分であり、武市半平太の道場に入門して腕を上げていきました。家は困窮しており、剣の腕を上げることこそが彼が世に出る近道だったのですが、その腕も暗殺剣士として振るうことになってしまいます。

ひたすら剣の腕を磨く

以蔵は武市に剣の才能を見出されて徹底的に鍛えられます。1860年に武市が尊攘運動の視察を目的として長州、九州地方に遊歴に行った際には門下生の一人として同行し、翌年土佐勤王党が結成されると以蔵も加わります。

結成当初の土佐勤王党には最大の障害として吉田東洋がいました。山内容堂の側近として土佐の藩政を握っていた人物ですが彼は開国派であり、攘夷など馬鹿げていると武市の率いる土佐勤王党をまったく相手にしていませんでした。一藩勤王をと考える武市には吉田の存在が邪魔であり、1862年

勤王党員に命じて吉田の暗殺を実行します。これこそ以蔵の初仕事かというとそうではありません。

以蔵は武市が見込むほど剣技が優れていましたし、実行犯と思われる者たちよりも腕はもちろん上でした。では、なぜ以蔵はこの重要な場面で起用されなかったのでしょうか。以蔵の腕は確かにすばらしいものでした。吉田東洋暗殺の実行犯を選ぶ時、武市の頭にも少なくとも一度は以蔵の名前がよぎったことでしょう。しかし、この時点では以蔵はまだ実践の場で剣を振るったことはありませんでした。いくら道場で強いといっても実際に命の取り合いをする場面でそのまま実力が発揮されるとは限りません。訓練と実践とは別物だといえます。そこで失敗が許されないこの大仕事に武市は腕の順位というよりも実践向きの人間を選んだのでしょう。

暗殺請負人

吉田東洋暗殺では機会がなかった以蔵も 1862 年、藩主山内豊範が上洛する時に武市らと従士として従ったときに仕事の機会がやってきます。吉田東洋殺しの犯人を捕まえるために京都まで来ていた土佐藩の下横目（監察官）の井上佐一郎《いのうえさいちろう》の暗殺です。井上は東洋暗殺の実行犯が京都まで来ていることを突き止めてあとを追ってきていました。追われている方もそれを承知だったので武市に連絡します。実行犯が捕まって自分が指図したことがばれてしまえば武市も一巻の終わりです。そこで、以蔵に井上殺害を指示します。

まずは井上の同僚を買収し、料亭で井上と酒を飲ませたうえで酔った井上を一人で夜道を歩かせるようにします。そこへ以蔵が後ろから襲い、手ぬぐいで首を締め上げると前から別の者が出てきて刺し殺します。その後は川に投げ捨てて仕事の完了です。人斬り以蔵の仕事にしてはなんだか鮮やかさに欠ける気がしますが、暗殺業としては実に手堅い仕事でした。

凄腕《すごうで》でも他人と協力

確かに以蔵は凄腕といわれていますが、それでも彼一人ですべての暗殺を100パーセント確実に行える保証はありません。一度でも失敗すれば、実行犯が死ぬだけならまだしも、組織全体が壊滅することにもなりかねません。土佐勤王党はもともと容堂から嫌われているうえに東洋暗殺が疑われているのですから用心に用心を重ねる必要がありました。したがって以蔵は一人で暗殺をしていたのではなく多くの場合、部下を率いて連係プレーをすることで仕事をこなしていったのです。

薩摩、長州さらに他の藩からも仕事の依頼が増えまさに必殺仕事人のように暗殺業に勤しむ以蔵でしたが、彼の活躍はたった１年で終わりを迎えます。それまで安政の大獄で蟄居《ちっきょ》を命じられていた容堂が復権すると勤王党のリーダーである武市が土佐によび戻されて捕まり、続いて以蔵も捕縛され投獄されてしまいます。それから２年間、今度は暗殺の報いを

受けんばかりの拷問を受けた後に打ち首にされてしまいます。

武市のためにと一生懸命に腕を振るった以蔵でしたが、その振るい方が悪かったのか1865年、まだ30歳にも満たない若さでこの世を去ってしまいました。

迷う以蔵？

さて、最近大河ドラマで大流行の幕末ですが、岡田以蔵が勝海舟の警護役をやっていたのを見て驚かれた方もいるのではないでしょうか。しかし、これは実際に史料にもあることなのです。武市が江戸に上った際、勝や桂、高杉と会って議論を交わしていますがその時に岡田も同行していたのでしょう。ただ、以蔵は武市の命令とあれば尊王攘夷派の大物といわれた人物でも迷わず切り捨てていました。ドラマの場面の一つである以蔵が勝を殺しに行った部分は史実か否かは定かではありませんが、本来迷わず斬るはずの以蔵がためらってしまうというのは少しキャラクターに矛盾が生じているような…。

ちなみに坂本龍馬が勝を殺しに行ったというエピソードはよく知られており、その坂本に対して勝が「まずは話を聞け、それから納得できなければ斬ったらいい」と言ったといわれています。ドラマでは坂本ではなく岡田が説得されてしまうのですが、こういう作り方がされたのには「氷川清話」の信憑性《しんぴょうせい》に理由があります。「氷川清話」とは勝の後日談であり、斬りに来た坂本を教え諭《さと》したというのもここに載っている話です。

しかし、この氷川清話、勝がかなり自分のいいように話を作っているとも言われているのです。歴史ドラマの場合、そういった理由があって一般的に史実とされるものとは違ったつくりをする場合があります。そこに想像力を働かせて新しい考えを生み出すのも歴史の楽しさの一つではないでしょうか。

「酒がなくては始まらない」
無類の大酒呑み、しかし頭は酒に支配されず

山内 容堂《やまうち・ようどう》

1827年（文政10年）生まれ。土佐藩15代藩主。大酒飲みで女好き…、でも空気が読める藩主として藩政改革に取り組み、幕府を支持しながらもうまく立ち回る。享年46歳。

山内容堂は鯨海酔侯と自称するほどの大酒飲みでした。本人は山内本家からは遠い分家の出身でまさか自分が藩主になるとは思ってもおらず、日々酒を飲んでは悠々自適に人生を過ごすといった自堕落な生活を送っていました。それが相次ぐ藩主の病死により容堂にお鉢が回ってきます。彼はこんなことならもっと勉強しておくべきだったと悔やみますが悔やんでばかりでも始まりません。ここから酒とともに書にも親しみ猛勉強を開始して幕末の日本に独特の存在感を放つことになります。

開国に反対

大酒飲みで女好きとくれば大抵はどうしようもないダメ人間か大人物のどちらかですが容堂の場合は後者でした。1848年に土佐24万石の藩主となった容堂はペリー来航の際に開国反対の意見書を幕府に対して提出します。しかし同時に藩内では「開国やむなし」と主張する吉田東洋を抜擢し藩改革にあたらせます。自分は開国反対を唱えながら家臣には開国を許容する人間を取り立てるというのは一見、矛盾しているようにも見えますがどういうことでしょうか。

空気が読める藩主

おそらく、容堂本人にはそれほど強いこだわりはなかったのだと考えられます。今でいう空気を読むのがうまい人でした。ペリー来航当初、世の中が西洋に対して反感を抱いているころには自分も開国反対の意見を出す、しかし、それとは別に藩の政治を執り行う人間には自分の思想とは別に優秀な人間を用いるという実に柔軟な姿勢の持ち主だったのです。しかも、幕府が開国を決定してからは幕府を支持します。山内家は関ヶ原の合戦の褒美《ほうび》として徳川家康によって土佐を与えられているので徳川家に対する恩義もあったのでしょうが、冷静な状況判断で、この時点ではまだ影響力の強い幕府に従っているほうが山内家のためだと判断したというほうが適切かもしれません。

貿易の準備

さて、幕府が開国を決断すると今度は小型蒸気船の建造に乗り出し、藩士に航海術を習わせるなどして海外の知識の吸収に努めます。海防強化も狙いの一つですが、開国した以上、貿易が行われるのは長崎の出島だけではなくなります。ならば今のうちに土佐においても教育を始めておけば大きな利益

が得られるだろうといった読みです。この狙いは当たって1858年、日米修好通商条約の締結によって日本はアメリカを始めとする諸外国と複数の開港地を設けて貿易を開始します。ところが同時に容堂本人はピンチに陥ります。

安政の大獄で処罰される

当時、将軍継嗣問題で一橋派の慶喜を支持していた人々は反対派（慶福支持）で大老となった井伊直弼によって弾圧されていました。容堂も慶喜を支持していましたから処罰されてしまう前に、自分から隠居を願い出ますが幕府から謹慎を言い渡されてしまいます。井伊は超保守的ともいえる人物で「幕府のことは幕府の内部で決めるべきであって将軍継嗣といった重要な問題に外部が口を出すなどとんでもない」といった考えの持ち主でした。土佐藩主の容堂は外部中の外部の人間です。機転を利かせて先に隠居して処罰を免れようとしますがうまくいきませんでした。

容堂の復権

悪いことは重なります。さらにこの間、武市半平太が組織した土佐勤王党が土佐藩内で勢いを強めます。そして強行に攘夷を主張する彼らにとって邪魔な存在だった吉田東洋が暗殺されてしまったのです。自分は謹慎させられ片腕ともいえる存在の吉田東洋が斬られるとあっては今すぐにでも勤王党を処罰したくなるところですが、世の中では攘夷が大流行していました。ここで勤王党を罰すれば大反発が来るに違いないと踏んだ容堂はじっと耐えます。耐えて、例によって酒を飲みながらやり過ごします。その後、井伊が暗殺され自らの謹慎も解かれると再び権力を振るい始めるのです。

船中八策を読む

1863年、攘夷の旗頭の長州が京都から追放されると攘夷派の勢いが一気に弱まります。これはチャンスとばかりに藩内の攘夷派の指導者的存在であった武市を捕らえ、後に処刑します。武市に限らず、土佐勤王党の幹部たちを徹底的に捕まえ攘夷派を一掃します。これで藩における障害がなくなった容堂は艦船や兵器を輸入して藩の軍隊の充実化を図るとともに長崎には土佐商会を設けるなどして、しばらくは藩政改革に重点をおきます。1867年に薩長による討幕運動が盛んになると坂本から後藤象二郎《ごとうしょうじろう》経由で「船中八策」が届けられます。その内容は、幕府は倒される前に先に政権を朝廷に返上して、そのあと徳川家と有力大名とで連合政権をつくるべきだというものでした。

最後はやはり酒

先読みが大好きな容堂は、なるほどとばかりに大喜びしてこの案を採用します。心情的にも幕府寄りの容堂はこれで徳川家を残すことができ、しかもうまく行けば自分も政権の中枢に入れると読んだのでしょう。将軍慶喜に提案して採用さ

れますが薩長により王政復古の大号令が出され計画は失敗します。この号令が決定されたとき薩摩や長州とともに容堂も同席していました。何とか徳川政権の存命を図りたい容堂は酒の勢いもあって「幼い天皇を利用してお前らの好きなようにやっていいと思っているのか」と罵倒します。ところが逆に岩倉具視から「天皇が幼いからとは何だ。幼かろうがなんだろうが天皇は天皇だぞ」と反撃されます。この場面で容堂は徳川家を守りきれませんでしたが、維新後はちゃっかり政府要職を歴任し、引退後はまたまた酒と女と詩の日々を送ります。しかし 1872 年、飲みすぎが祟ったのか、脳卒中で死亡します。45 年の生涯は短いようですがまさかの藩主の座がめぐってきたり、幕府を支持しながらも上手く立ち回ったりと非常に濃密な人生を過ごした人でした。

「徳川家は最後まで自分が世話をする」
家訓に従い、徳川本家を守る

松平 容保

まつだいら・かたもり

1835年（天保6年）生まれ。会津藩9代藩主。「会津家訓15箇条」を守り、最後まで徳川家に忠義を尽くした責任感の強い最後の藩主。享年59歳。

松平容保は非常に責任感の強い人でした。会津藩は鳥羽伏見の戦いに敗れ幕府が降伏を決めた後も官軍と戦い続けます。これは容保の幕府に対する忠誠心から来るものですが、なぜそこまで幕府に忠義を尽くしたのか。その背景から見ていくことにしましょう。

初代藩主は徳川家光の弟

会津藩は保科正之《ほしなまさゆき》を藩祖としていますがこの正之こそが第２代将軍徳川秀忠の息子でした。恐妻家の秀忠は正室のお江に対して他の女性に子どもを産ませたとは言えず、保科家に預けます。お江の死後に正之は父秀忠との面会を果たし、その後は実の兄である第３代将軍家光から気に入られて取り立てられます。

その兄が亡くなるときに正之に対して「徳川本家のことを頼む」と言われて感動して正之が作ったのが「会津家訓十五箇条」です。この第一条に、保科家はどんなことがあっても

徳川家を支えなければならないという内容の家訓があり、会津藩は代々それを守り続けていたのでした。そういった理由から第 9 代藩主、松平容保も幕末の危機的状況にあって徳川家を支え続ける覚悟をもっていたのです。

京都で骨を埋める覚悟

容保は桜田門外の変で大老井伊直弼が暗殺された 1860 年の翌年、幕政参与となり中央政治に深く関わっていきます。1862 年に島津久光が薩摩から上洛し、朝廷に幕政改革の一環として一橋慶喜を将軍後見職とし、松平慶永を政治総裁職、そして容保を京都守護職に就けるように推薦したときに慶喜の将軍後見職就任に反対します。

徳川家を支えようとする人が一橋慶喜（後の 15 代将軍）の後見職就任に反対するのはおかしいと思われそうですが、容保が守るべきは徳川本家です。将軍家茂がまだ十代の少年であることから慶喜が将軍後見職に就くと薩摩の島津久光や慶喜に幕府が操られてしまうのではないかという不安がありました。また本人も病気で伏せっている時期であり、とても京都守護職という重い任務には耐えられないと考えて辞退を考えます。しかし松平慶永の説得もあり、反対する家臣に対しても「徳川本家のために京都で骨を埋める覚悟で任務を全うしよう」と伝え、守護職として京都に赴きます。

京都の治安を守る

孝明天皇がもともと幕府を支持する立場であったことから容保は天皇の信任を得て、京都では尊王攘夷派の志士たちを徹底的に弾圧します。

さらに1863年8月18日には朝廷内でだいぶ発言力を増していた三条実美《さねとみ》をはじめとする尊王攘夷派の公家と彼らと手を組んでいた長州藩士を京都から追放することに成功します（8月18日の政変）。その後も近藤勇率いる新選組を監督下において京都の治安維持を徹底します。

1864年には8月18日の政変の恨みを晴らすと同時に天皇の奪還をもくろんで京都に攻め上ってきた長州藩を退け（禁門の変）、その後も積極的に長州征討を進言し、朝廷および幕府に敵対する勢力の一掃を図ります。

朝廷に裏切られる

しかし、薩摩と長州が討幕を目的として裏で手を組み、幕府を支持していた孝明天皇が病死すると風向きが一気に変わります。

大政奉還、王政復古の大号令を経て、薩長率いる官軍と徳川家の旧幕府軍が鳥羽伏見で激突します。この戦いで旧幕府側は敗れます。しかし、これまで朝廷と幕府、両方のために京都で必死に守護職の任務を務めていた容保には幕府が朝廷の敵になったとは納得できませんでした。そもそも、朝廷が

長州の過激ぶりを嫌っていたからこそ（幕府にとっても長州は邪魔な存在だったのですが）京都から長州を追い出したのにもかかわらず、今度はその朝廷が薩摩長州に官軍の名を、つまり天皇の軍であることのお墨付きを与えて幕府を討伐させるとは筋が通りません。

徳川の御霊《みたま》を祀《まつ》る

そこで容保は「あれは薩長が朝廷を操っているだけであり、官軍とはいえない。あんなものは恐れるに足りない」と慶喜に徹底抗戦を主張しますが、薩長が錦の御旗をかかげたと知って戦意喪失の慶喜には聞きいれてもらえませんでした。容保は会津に戻って官軍に対して徹底抗戦に臨みますが、数の上でも武器の質でも圧倒されて降伏します。

しかし、官軍に歯向かったとはいえ、朝廷のために京都の治安を守っていたこともある容保です。一時は身柄拘禁、蟄居《ちっきょ》の罰を受けますがその後は東照宮宮司に任命され徳川家の先祖の平安を守ることになります。

会津藩家訓のとおり最後まで徳川家のために尽くした人物といえるでしょう。

「西郷、大久保と久光侯の間は俺が取りもつ」
薩摩の縁の下の力持ち

小松 帯刀

こまつ・たてわき

1835年(天保6年)生まれ。薩摩藩士。政治家。温和な性格で勤勉、そして職務に忠実…。こんな人柄が薩摩の縁の下を支えていた。享年36歳。

小松帯刀といえば西郷や大久保と並ぶ薩摩の三本柱ですが有名になったのは大河ドラマ『篤姫《あつひめ》』の影響が少なくありません。ただ、薩摩藩の家老にまでなった帯刀ですが残念ながら史料の上では篤姫との接点は認められていません。ですから篤姫と親しかったかは定かではありませんが、幕末において討幕派の中心である薩摩藩の家老と13代将軍家定の正室が共に薩摩出身であるということから何か接点があったのではと推測するのは無理な話ではありませんし、こういった想像は歴史を知るうえでの楽しさの一つでしょう。

小松家の養子となる

帯刀というのは通称で本名は清廉《きよかど》ですがここでは帯刀と統一してよぶことにします。小松帯刀は薩摩藩の肝付家《きもつきけ》の子として生まれます。後に学問の師であり、島津斉彬《なりあきら》の側近であった清猷《きよみち》の後を継ぐために小松家の養子となり小松帯刀と名乗ります。活躍するのは島津斉彬の弟久光が藩の実権を握って

からのことであり、1862年、久光が上洛し、その後に江戸へ行き幕政改革（文久の改革）を行う際には帯刀も随行します。

職務に忠実な帯刀

温和な性格であり西郷や大久保たちとも親しく、特に西郷が久光の怒りを買って奄美大島に流刑にされた時は復帰させるように久光に勧めて成功します。西郷が前藩主斉彬に心酔し、大久保は一筋縄ではいかない曲者であるのに対して仕事にまじめで性格温厚な帯刀は久光に気に入られていました。大久保が久光に媚を売って出世しようとしたのに対して帯刀の場合は藩主の歓心を買おうとはせずにただ自分の職務に忠実だったといえます。

この辺は帯刀の方が一般的に好ましく映ってしまいますが彼の方が大久保に比べてはるかに家柄が良かったことを忘れてはなりません。同じ士農工商のトップである武士階級といっても、武士の中でまた厳しい身分の上下があり身分の低い武士では藩主にお目見えすることさえ適いませんでした。彼らに比べて帯刀の方が身分上、遥かに恵まれていたことは確かです。

坂本龍馬を保護する

江戸から帰国した後は藩の家老となり、久光の右腕として活躍します。帯刀は主に京都の薩摩藩邸に勤め、薩摩の外交部門を取り仕切りますが、その時に坂本龍馬とも親しくなります。当時の坂本は海軍操練所が閉鎖されて行き場をなくしていましたが、これを一時薩摩で預かり長崎に送って亀山社中の設立を助けたのが帯刀でした。このとき坂本と関わったのが功を奏して後の薩長同盟につながります。坂本から薩長同盟の提案をされた帯刀はこれを西郷、大久保と相談します。1866 年 1 月、京都の小松の屋敷で秘密同盟ながらも薩長同盟が締結されました。

大政奉還に賛成

そして、このときから帯刀、西郷、大久保の 3 人で薩摩藩をコントロールするようになります。すでに、久光ではこれ以上薩摩に進展はないと判断して自分たちが実権を握ったのでした。さて、温和、勤勉な帯刀に役者としての大舞台が巡ってきます。1867 年、幕府を支持する土佐藩と正面きって敵対したくはない薩摩は将軍に大政奉還を勧めるという前提で土佐と盟約を結びます。すでに「幕府を武力で壊滅させてこそ新しい時代が来る」と薩摩長州の間では武力討伐の流れを作り出すことで一致していたのですが、その後、帯刀は素知らぬ顔で慶喜の前で大政奉還に賛成します。家老の帯刀が薩摩の武力討幕の動きを知らないはずがありません。しかも、大政奉還に賛成する裏で朝廷に討幕の密勅を与えてくれるように申し出ているのですからかなりの役者振りともいえます。

帯刀は武力討幕に反対だったのか

もちろん帯刀は最後まで武力討幕には反対であり、大政奉還をもって討幕運動の完成にしたかったのに対して西郷や大久保が武力行使に走ったという見方もあります。ただ、このような詰めの局面で薩摩の幹部３人が意見を割っていたと考えるのは難しいでしょう。大政奉還の実現はあくまで土佐藩の顔を立てるためであり、その後の討幕を邪魔させないための用意周到な作戦だったのではないでしょうか。帯刀は討幕運動の裏方として活躍し、明治政府でも参与や総裁局顧問など重要な職に就きますが 1869 年、病気により退職し翌 70 年に大阪で亡くなりました。薩摩藩士の中では存在感がうすくなりがちな帯刀ですが彼が久光とのパイプ役を果たし、薩摩の縁の下の力持ちの役を担ったからこそ西郷、大久保も大活躍できたのです。

「薩摩を幕政の中心に」
兄、斉彬の遺志を継ぎ、幕府の改革を志す

島津 久光《しまづ・ひさみつ》

1817年（文化14年）生まれ。政治家。幕末の薩摩藩における事実上の最高権力者…。だが、討幕路線に方向を転換したのを機に実権を西郷、大久保らに渡す。享年71歳。

藩主ではなくとも藩の権力を掌握する人物はいます。土佐の山内容堂は前藩主として藩を動かしていましたが久光の場合は違います。彼の場合は兄である斉彬の死後、自分の息子の忠義が藩主に指名されたので薩摩藩藩主の地位につくことはありませんでした。しかし藩主の父として「国父」とよばれ、藩の実権は久光が握り、幕末の薩摩を動かしていくことになります。

兄が家督を相続

島津斉興《なりおき》の第三子として生まれた久光は島津家の一門、重富島津家《しげとみしまづけ》の当主になっていました。正室の子である兄、斉彬がいたので側室の子である自分は島津家の当主になることはないと思っていたのですが、兄と父の関係がこじれていることに加え、母のお由羅《ゆら》が父のお気に入りであったことから久光を後継ぎに、と推す声も少なくありませんでした。本人も期待する気持ちが少しはあったでしょうが、おどろおどろ

しいお家騒動を経て、兄である斉彬が家督を相続します。

兄の遺志を継ぐ

しかし、当時の政治的な主張からいえば久光は決して兄の斉彬とそれほど異なるものではありませんでした。洋学に通じ、海外の事情に明るかった兄、斉彬に比べてそれをよく思っていなかった父、斉興の後継ぎ候補になったぐらいですから久光はかなり保守的な人間なのだろうと考えられることもありますが、兄の対抗馬に担がれただけで久光自身が保守的だったわけではありません。むしろ考え方としては兄に近く、斉彬の死後も最初はそれまでの薩摩の方針であった開国、幕府支持の路線を継承していきます。兄の死後、復権していた父の斉興も亡くなり、いよいよ俺の番がきたと張り切る久光の前に最初の難題がやってきます。

焦る家臣

時は 1859 年、安政の大獄で井伊直弼が辣腕《らつわん》をふるい、水戸の徳川斉昭らを処罰しているころ、薩摩と水戸でいっせいに挙兵しようという計画が両藩の藩士の間で持ち上がります。大久保利通らが組織していた誠忠組のメンバーも大挙して脱藩し、この計画に加わろうとしていました。久光にとってはとんでもない話です。やっと藩の実権を握ったばかりの時期にそのような反乱を起こされてしまったら、幕府からどのようなお咎めがあるか分かったものでありません。当時、井伊が幕府の実権を握っており、将軍継嗣問題で一橋慶喜《ひとつばしよしのぶ》を推して敗れた水戸や薩摩はにらまれているときでした。

こんこんと家臣を説得

兄が慶喜を支持したせいで薩摩が窮地に立たされているのを弟の自分が何とかしようとしているときに、今度は藩士たちに勝手に行動を起こされてはかなわないと彼らを説得して挙兵を思いとどまらせます。このあたり、脱藩を計画した藩士たちをいたずらに処分するのではなく「俺も兄の遺志を継いで藩を挙げて働く覚悟だからお前たちも今は我慢してくれ」というところに久光の上手さが伺えます。兄が藩主であった間もじっと我慢していただけあり、簡単に頭に血が上るタイプではありません。じっくりと藩士たちを説得して兄に心酔していた者たちに対して、兄のためにと言って自分についてくるように仕向けます。

西郷との確執

その後、桜田門外の変が起き薩摩藩の中で「俺たちも水戸に続いてやるべきだ」と盛り上がった時も「あれは水戸藩が正式にやったことではなく脱藩浪士が勢いでやったことであり、水戸のご老公、徳川斉昭が幕府に対して挙兵するか朝廷から討幕の命令があればもちろん挙兵するからその時まで待て」と、はやる藩士たちをこんこんと説得します。

このように時間をかけて藩内を説得、掌握していった久光

でしたが、どうしても自分になびかない藩士がいました。それが西郷隆盛《さいごうたかもり》です。西郷は斉彬に可愛がられていたからすぐには自分の言うことに賛同しないのも無理はないと思っていましたが、いちいち久光と斉彬を比べては批判します。久光の側近にまで「久光公は斉彬様の遺志を継ぐとおっしゃっているが薩摩から出たことのない人にそんなことできるわけがない」とまで言っていました。自分になつかないだけならともかく、いつも兄と比較されると我慢できなくなります。1862 年、久光が上洛する際に下関で待つようにと伝えていたところ、西郷が待たずに先に京都に行ってしまうと流罪を言い渡します。西郷にも言い分はあるのですが、普段から久光に嚙み付くことが多かっただけに久光としてもこれ以上我慢できませんでした。

無位無官で文久の改革

さて、上洛した久光は公武合体、幕政改革を朝廷に奏上すると同時に過激な尊王攘夷運動に走ろうとする薩摩藩士たちを粛清します。朝廷への奏上が認められ、勅使大原重徳《おおはらしげとみ》を警護して江戸に向かうよう命じられると久光は 1000 人の兵を率いて江戸に向かい、改革の大鉈を振るいます（文久の改革）。ここで面白いことに久光は藩主の実父ではありますが、朝廷から官位を与えられておらず無位無官の人でした。朝廷の命令で幕府を改革しようとしているのですから、本来朝廷から何らかの権限が与えられてしかるべきなのですが、表向きは勅使の大原重徳が幕府に朝廷からの命令を伝え、久光は勅使を警護する役に過ぎなかったためにこのような事態が起きました。

薩英戦争から討幕へ

この帰り道で薩摩藩士が行列を横切ったイギリス人のリチャードソンらを斬ったことが原因で翌年、薩英戦争が勃発します。そして、薩英戦争と過激派の長州の追放に一役買ったことが評価されて久光は朝廷から官位を授かりその後順調に昇進します。

しかし、久光の腕がさえたのもここまででした。その後、これまで基本的に開国路線をとってきた幕府でしたが、将軍後見職の一橋慶喜が孝明天皇の意を汲んで神奈川（横浜）港の鎖港を唱えます。久光をはじめとする開国派の有力大名は反対しますが幕府との溝は深まるばかりでした。そこで久光は自らが主導してきた公武合体路線を諦め、大久保、西郷、小松らに実権を譲ります。その甲斐あって、薩摩藩は幕府との協調路線から討幕路線へと上手に方向転換し、明治政府では久光本人も左大臣に任命されました。

討幕運動に変更する際には西郷や大久保らに実権を奪われたといわれています。しかし、我慢することに慣れていた久光ですからこの局面は自分では打開できないと考えると意外にあっさり権力を明け渡した可能性もあります。晩年は鹿児島で学問に打ち込み 1887 年に亡くなりました。

4

徳川政権は崩壊へ

1865年、幕府史上最大の秘密同盟である薩長同盟が締結されます。前年の第一次長州征討で長州一国を潰すことさえできなかった幕府を見て、それまで態度が明らかでなかった薩摩藩が討幕を決意します。翌年の第二次長州征討には参加せず、秘密裏に討幕計画を進めると1867年には土佐藩とも同盟を締結して徳川幕府包囲網を築きます。幕府側も大政奉還という奥の手を使うことで戦争の回避と権力の保持を狙いますが、討幕の流れは止まりません。鳥羽伏見で火蓋が切られると官軍は江戸まで攻め上ってきます。しかし、総攻撃目前のところまで来て勝と西郷のトップ会談により停戦が決まります。

江戸無血開城というと勝や西郷ばかりが目立ちますが江戸を火の海から救ったのは彼らだけではありません。天璋院や和宮、松平慶永などさまざまな人たちの活躍があったからこそ江戸を戦地とせずにすんだのです。残念ながら東北地方、北海道で内戦が続き（戊辰《ぼしん》戦争）、スムーズな政権交代とはいきませんでしたが。

「大敵に立ち向かうには人の和こそ第一」
幕末の偉大なる斡旋屋

坂本 龍馬《さかもと・りょうま》

1835年（天保6年）生まれ。土佐藩を脱藩した武士。尊王攘夷派から開国派へ、最後は幕府に大政奉還をさせて無血で討幕を実現した幕末のヒーロー。享年33歳。

とにかくスケールのでかい男、「坂本龍馬のイメージは？」と聞けばそういった答えが多数を占めてもおかしくありません。渋る薩摩と長州に同盟を締結させ、討幕のお膳立てをしてイギリス製の武器を大量に輸入する。そのスケールは国際規格といっていいでしょう。本気か冗談か「日本では天皇が一番偉いようだから俺は天皇になることにする」という大胆な坂本語録まで残している坂本龍馬は11月15日、なんと自分の誕生日に暗殺されるという最後の最後までドラマみたいな一生を辿りますが、彼は30年余りという短い人生で何をやったのか見ていきましょう。

江戸での武者修行

土佐藩出身の坂本龍馬は坂本直足《さかもとなおたり》の次男として生まれます。父親はもともと豪商で郷士株を買って武士になったのでした。ですから龍馬が武士でありながら後に海援隊を組織して貿易を始めたのも血は争えないという話なのかもしれません。さて1853年、ペリー来航の年に江戸に出て千葉定吉の下で剣術を学んだ龍馬は土佐に帰り、武市半平太の結成した土佐勤王党に入ります。武士の階級制度はどこの藩にでもあるのですが土佐藩では特に下士（郷士）は上士から虐げられていたので上士に対する反発と攘夷の精神が融合して土佐勤王党は一大組織になります。

勝海舟の弟子になる

龍馬も尊王攘夷に熱心になり、開国を唱える勝海舟を「けしからん奴」といって斬りに行き、逆に「広い世界に目を向けろ」と説得されてしまったというエピソードもあります。最近の大河ドラマをご覧になっている方々は龍馬が最初から勝に弟子入り志願に行っているので、この違いに不思議を感じられるでしょう。勝と坂本のエピソードは勝の後日談が元になっており、事実不明な部分が多いと言われているので勝の後日談よりも新たな場面を作ることにしたのかもしれません。ただ、攘夷を唱える勤王党にいた坂本が勝の弟子になったのは事実ですから悪く言えば移り気、良く言えば人の話をよく聞く柔軟な姿勢を持っていたといえるでしょう。

海軍の龍馬

勝の弟子になった坂本は勝の片腕として活躍します。幕府による海軍操練所が開設されるまでの間、勝が神戸に海兵養成のための私塾を開いたときには塾頭となり、塾の運転資金

を借りに越前福井藩の松平春嶽《まつだいらしゅんがく》（慶永《よしなが》）のところに行きます。さらに翌1864年には幕府の命令で長崎に出張に行った勝について龍馬も長崎に行きます。ところがこの年、できたばかりの海軍操練所が閉鎖されてしまいます。理由は操練所では坂本などの土佐脱藩浪士や長州寄りの人間が多く、幕府の機関であるにもかかわらず過激な尊王攘夷派を養成しているというものでした。幕府が開国の方針をとる中で操練所に尊攘派の人間がいるのはけしからんというのは理解できない話ではありませんが了見が狭いともいえます。もともと海軍操練所は海防のために作った施設です。いざとなれば諸外国と戦わなければいけないのですから攘夷派の人間が集まっていても不思議ではないでしょう、むしろ攘夷派の人間のやる気を上手に海防に向けるぐらいの度量や工夫があっていいぐらいのものですが幕府の頭が固すぎました。

亀山社中を設立

操練所が閉鎖され、勝は窮余の策として龍馬を薩摩の西郷に預けます。このまま神戸に居続けるか、または江戸へ連れて行くかを選択すれば攘夷派として命が狙われて危ないと考えたのです。こういった経緯で薩摩に預けられることになった坂本ですが転んでもただでは起きません。

薩摩藩家老の小松帯刀と親しくなり薩摩や松平春嶽が藩主の越前福井から資金を引っ張って、亀山社中という名の会社を設立します。武士から商人に鞍替えかと思われそうですが、そうではありません。表向きは貿易会社でしたが亀山社中では勝の私塾や海軍操練所で行われていた海兵としての訓練も実施されていました。すでに幕府の先行きが怪しいと感じた龍馬は攘夷というよりも国内での大戦に備えていたのです。したがって、イギリスから最新の武器を薩摩名義で大量に輸入していました。

薩長同盟を結ばせる

また、薩摩で培った人脈を使って薩長同盟を締結させることにも成功します。同じ土佐出身の中岡慎太郎が長州に人脈を持っていたことから坂本、中岡コンビで因縁の深い薩摩と長州を説得して同盟締結にこぎつけます。亀山社中は薩摩名義で買った武器を長州に渡すなどして長州の軍事力の強化に協力する一方、幕府による第二次長州征討ではユニオン号で参戦した他に長州藩の軍艦を操縦するなどして実戦でも協力しました。しかし、この年龍馬に絶体絶命のピンチが訪れます。第二次長州征討の３カ月ほど前に伏見の寺田屋（旅籠屋）で百名以上の幕吏に取り囲まれます。部屋で長州藩士らと今後の相談をしていた龍馬は屋敷の外が取り囲まれていることに気づいて知らせてくれた寺田屋の奉公人、お龍のおかげで手にけがをしながらも役人数名を殺傷してその場を脱出しました。このあと薩摩藩に保護されて龍馬とお龍は結婚し、二人で薩摩に行ったことから日本初の新婚旅行といわれていますが、初である根拠はもちろんありません。

ひらめいた船中八策

さて、危ういところを脱出し、長州征討も切り抜けたあと、そろそろ仕上げかとばかりに龍馬は1867年6月、土佐に向かう船の中で土佐藩士、後藤象二郎に大政奉還を旨とする「船中八策」を伝え、後藤がこれを土佐藩の山内容堂に進言します。坂本がこの時、土佐に向かっていたのは脱藩の罪が正式に許され、今度は土佐藩の支援を受けて亀山社中を海援隊として藩の組織にするためでした。このころ龍馬は討幕の方向を薩摩、長州の主張する武力討幕からより穏便な形での政権交代で実現するべきだと考え始めており、徳川も一大名としたうえでの雄藩連合政権を構想します。そこでこれを幕府を支持する土佐藩の山内容堂から将軍慶喜に進言させることで見事に成功します。

諸外国がアジアに進出してきており、外国の脅威が高まる中で日本国内で戦争をしている場合じゃないという危機感と政権の座を完全には手放したくない徳川家の心中を利用した上手い作戦でした。

暗殺、そして武力討幕へ

しかし大政奉還が実現された翌月、中岡と共に京都の近江屋にいたところを刺客に襲われて暗殺されてしまいます。1867年、11月のことでした。このとき龍馬は新政権構想を練っていましたから武力討幕を実現したい薩摩や長州が首謀者だとか新選組に殺された、いや京都見廻組が実行犯だなど、さまざまな説が飛び出していますが真相は明らかになっていません。龍馬の名案もむなしく 1868 年、薩摩長州は武力討幕路線を強行しますが、彼の遺志は師匠の勝が引き継いで最小限の被害で政権交代を実現するに至ります。薩摩、長州、土佐と三つの藩を動かし、最後には幕府に大政奉還をさせて最小限の被害で討幕を実現した龍馬は間違いなく幕末のヒーローの一人に数えられるでしょう。

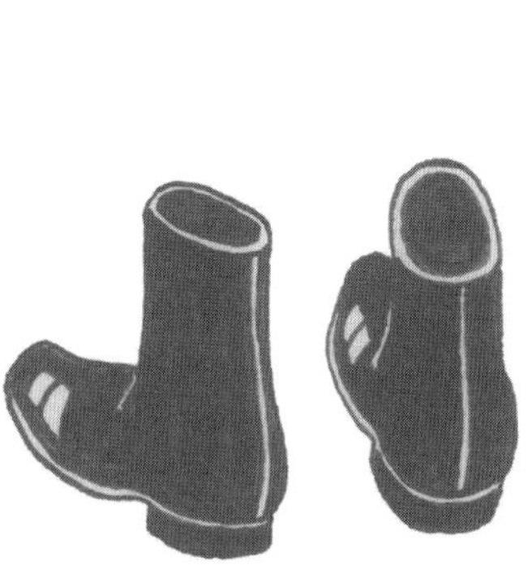

「長州を動かしたのは俺」
薩長同盟のもう一人の立役者

中岡 慎太郎

なかおか・しんたろう

1838年（天保9年）生まれ。土佐藩を脱藩した武士。薩長同盟を締結させ、討幕の足がかりを築き、京都に陸援隊を組織する。享年30歳。

中岡慎太郎といえば坂本龍馬の相棒であり、一緒に近江屋で暗殺された人として有名です。

実は彼も武市半平太の土佐勤王党に加わって尊王攘夷運動に参加し、脱藩後も攘夷活動を続けながら薩長同盟締結に関わった人物なのです。薩長同盟といえば西郷、桂、坂本と相場が決まっているような言われ方をしますが中岡も一役も二役も買っているのです。では坂本の相棒、中岡についてみていくことにしましょう。

新米役人の農政改革

中岡慎太郎は1838年、土佐藩の大庄屋《おおしょうや》の家に生まれます。大庄屋とはいっても藩の下級役人であり、中岡の家も坂本や武市と同じく下士であったことに変わりはありません。彼は21歳の時に大庄屋見習いとして藩の農政改革を始めます。簡単にいえば農業の効率化を図ったのですが、これが農民目線に立ったもので植林や田畑の開墾を奨励するのは当然のこと、苗を無料で配布して植えさせたりと単なる生産率上昇を目指すのではなく農民の生活難にも配慮した政策を実施します。このように彼が新米として現地で人々の暮らしを見ながら悪戦苦闘しているところに武市半平太の唱える「一藩勤王」のもと土佐勤王党が結成されます。

土佐勤王党に参加

自身も藩政改革のために役に立とうと必死で職務に励んでいた中岡でしたが、これは藩を変える大きな運動になるかもしれないと勤王党へと参加を決意します。ところが入ってはみたものの日々議論されるのは高尚な精神論ばかりでした。土佐一藩を丸ごと変えようとする動きのはずが上士と反目し、農民を無視しているようでは本当に大きなうねりになるのかと疑問をもち始めます。この疑問にはやがて残念な結果で答えが出ます。

1863年、8月18日の政変で長州藩が京都から追放されると、長州と連携をとってきた土佐勤王党にも影響が及びます。

脱藩して長州へ

勤王党の幹部が次々と逮捕され、ついにリーダーであった武市も捕まり、党の解散命令が出されます。中岡は自分にも逮捕命令が出されたのを知り、これはまずいと脱藩を決意します。坂本が勤王党に見切りをつけて早々に脱藩したのに対

して中岡は最後まで勤王党に関わってしまいましたが無事脱藩に成功、命は助かりました。中岡が逃げた先は長州藩です。「長州藩といえば尊王攘夷の先鋒なのだから勤王党で失敗したと考えた中岡はまた同じ失敗をしにいったのか」と思われそうですが中岡にとっては違いました。つまり、土佐では極端に言えば勤王党のみが尊王攘夷を唱えていたのに対して長州では上は殿様から下は町民までまさに一藩全体が尊王攘夷で染まっていました。もともと一藩勤王のスローガンにひかれて勤王党に入った中岡ですから、それが実現されている藩に落ち延びていくのは当然のことだといえます。

禁門の変で命拾い

そして、なんと翌年長州藩が天皇の略奪を目指して京都に攻め上る禁門の変の際、中岡も加わって一緒に攻め上ります。禁門の変は大激戦となり、ここで死んでしまえば中岡の名前が世に残ることもなかったのですが戦闘中、足をけがした中岡は手当てのために戦列を離れていたおかげで命拾いします。逮捕寸前に逃げ延びたり、けがのおかげで命拾いしたり大変幸運な人です。

攘夷から討幕へ

何とか生きながらえた中岡は次の作戦を考えます。「確かに、長州藩は敗れた。しかし、まだ長州そのものが滅ぼされたわけじゃない。藩は潰されていないのだから、ここから打開策を考えるべきだ」と考えた中岡はまず攘夷を一度諦めます。戦力の差が明らかな以上、今すぐに諸外国に勝つことは不可能だと感じ、それでもいまの幕府が存続していては日本がもたないと考えた中岡は尊王攘夷から尊王討幕に思考を切り換えます。そうと決まれば長州だけでは実行は不可能であり、より強い味方を得ようと考え薩摩を同盟の相手にと考えます。そこで渋る長州藩を説得し、薩摩にも同盟を結ぶように働きかけます。

最後に話をまとめたのは坂本でしたが、そのための下準備、裏方役をこなしたのは中岡でした。彼は脱藩後、長く長州藩と関わっていたのでその立場は長州寄りであり、ある意味では長州藩の代理人とでも言うべき存在でした。しかし同時に土佐藩出身の人間であるだけに一歩引いた立場で長州藩幹部と話をすることもできたのです。

薩長同盟を締結させる

8月18日の政変で薩摩に裏切られ、禁門の変でも薩摩に敗れた長州としては薩摩憎しの気分だったことは確かです。しかし中岡の冷静な分析のおかげで再び長州が幕末の主役に返り咲きます。薩長同盟を締結させ、討幕の足がかりを築くと中岡は自分も陸援隊を組織して京都の土佐藩邸に陣を構えます。

海援隊が海軍兼貿易商であったのに対して、こちらはまさに陸軍です。80名以上の隊士からなり、数としては多いとはいえませんが攻め上る際には自分も加わろうと準備をしていました。

近江屋で暗殺される

ところが1867年、大政奉還がなされた後に中岡は旅籠屋の近江屋《おうみや》で坂本とともに暗殺されてしまいます。まさに、これからが本番という時でした。

ちなみに当初、中岡は暗殺予定に加えられていなかったという説があるのでご紹介しておきましょう。坂本、中岡殺害は京都見廻組の仕業であるというのが有力な説ですが、この京都見廻組は幕府の組織下にありました。坂本はこれ以前に幕府の役人を数人、銃で殺害していたので見廻組にとっては捕縛、または斬る対象だったのですが中岡は本来殺害対象に入っていませんでした。

しかも、既に中岡は脱藩の罪を許されていて下級ではあるものの土佐藩士です。幕府としては味方である土佐の藩士を斬ったなどとても言えません。そこで殺害事件を公表することができずに今日に至る坂本暗殺事件になってしまったというわけです。巻き添えにされたけれど事件が暗殺事件になった理由を握るキーパーソン、決して同じ立場になりたくはありませんが、ドラマとしてはおいしい役？かもしれませんね。

「大事なのは幕府を守ることではない」
常に大局観をもっていた幕閣

勝 海舟

かつ・かいしゅう

1823年（文政6年）生まれ。江戸時代末期から明治期にかけての幕臣、政治家。貧しい旗本が出世コースを走り、幕府の要職から最後には明治新政府の重職に就く。享年77歳。

勝海舟（本名、勝義邦）といえば坂本龍馬の師匠であり、江戸を戦火から免れさせた功労者として有名です。もともとは身分の低い役人の家の出身であり、幕末・維新の世に生まれたことが彼にとっては幸運だったと言えるでしょう。

老中に認められた意見書

1823年に江戸で生まれた海舟は貧しい旗本でしたが、剣術、蘭学、兵器学と、剣と学問の文武両道を修め、蘭学塾も開いていました。こうして学問に励んでいる頃、1853年にいよいよペリーが浦賀に来航します。「太平の　眠りを覚ます　上喜撰　たった四杯で　夜も眠れず」上喜撰とは蒸気船、四杯は船が4隻であったことにひっかけたものですが、黒船の来航に上も下も大騒ぎの頃、老中阿部正弘は全国から開国、海防についての意見を集めます。ここで勝の意見書が阿部の目を惹きます。勝の意見は「広く人材登用を進めると同時に、開国し貿易によって利益を上げるべきだ。そして、その利益

によって国防を充実させればよい」というものでした。いまの世の中から見るともっともな話でこれが先見の明とは感じないかもしれません。しかし、時代は江戸時代、それも鎖国から 200 年以上も経っており、国は閉ざされているのが当たり前の時代です。しかも周りは尊王攘夷の名の下、夷狄《いてき》から国を守るのだと好戦的雰囲気が日本中を包んでいるときに「いまは勝てない。まずは相手のいうとおりに国を開き、貿易によって力を蓄えるべき。」と考えるのは冷静であり、世の中をよく観察していたと言えます。また、ただ単に「いまは我慢して待って力を蓄えるべきだ」と言うだけでなく「貿易によって」、つまり相手の力、財力を利用してというところも勝の賢明さを表しているのではないでしょうか。

出世コースを走る海舟

この意見書によって能力が見込まれ、1854 年、長崎に海軍伝習所が設立された際に訓練を受けることになります。しかし、勝は海軍伝習所において生徒であるだけでなく教官も兼務していたといわれます。生徒でありながら先生というと妙な感じがしますが勝はオランダ語ができたので海軍伝習所の教官と生徒の連絡役をしていたというのが実際のところのようです。海軍伝習所では教官のほとんどがオランダ人でした。開国までの間、幕府の貿易の相手は清とオランダだけでした。他に海外との付き合いもなく、航海となると海外遠出をした経験のない日本人だけでいきなりアメリカに渡るのは無理があります。そこでオランダから軍艦が寄贈された際に、この船を使ってオランダ人から航海術を学ぼうということになったのです。そして、1858年、アメリカとの間で日米修好通商条約が締結されると、その批准書の交換のために、いよいよ渡米するチャンスが訪れます。1860年に咸臨丸《かんりんまる》の艦長として遣米使節に随行します。日記によると艦長としての自慢話が載っていますが実際は船酔いがひどかったらしくかなり苦労したようです。しかし、こういった経験を買われて勝は海軍操練所の教官に任命されます。海軍操練所の目的は海防強化です。日米修好通商条約を締結し、いよいよ本格的にアメリカを始め、諸外国との交易を開始した日本は同時に軍備の強化を進めることになります。これは侵略のためというよりもアヘン戦争でイギリスに負けた清の二の舞を避けようという防衛力の強化が主な目的です。もちろん尊王攘夷運動を激化させつつある不穏分子に対する牽制《けんせい》の目的もあったでしょう。

反乱分子扱い

さて、長崎海軍伝習生、咸臨丸艦長、海軍操練所の教官と出世コースを歩いていた勝も一時、左遷の憂き目を見ることになります。勝が軍艦奉行の職に就いていた頃、1864年11月10日に突然罷免《ひめん》されます。罷免というのは今で言う「クビ」のことですが、その理由は海軍操練所で坂本龍馬ら過激派を養成しているというものでした。坂本龍馬といえば後に薩長

同盟を成立させ、幕府を大政奉還に追い込み明治維新を成し遂げた維新志士の一人であり、幕府側から見れば勝の罷免の理由もまったくのこじつけではありませんでした。

勝の啓蒙活動

しかし、勝もなかなかしたたかです。表向きは幕府に従い、坂本をひとまず西郷隆盛に預けます。勝は幕府の命令で 1864 年、長崎に行った際に坂本龍馬を随行させ九州を横断し、帰ってきてから西郷に会います。その際、西郷に「幕府はもうダメだから好きなようにおやりなさい」と言うと共に、雄藩連合政権のアイデアを吹き込みます。結局、西郷は武力討幕による新政権樹立に走ってしまいますが、勝も自分の狙いを実現させるために坂本だけでなく西郷などさまざまな立場の人間に自分の考えを伝えていました。誰か一人に期待するよりも多くの人間に己の考えを知らせ実現するように図る、そのためには幅広い交流が不可欠ですが弟子の坂本はもちろん、勝にしても幕臣でありながらその交流範囲は非常に広いものでした。そして左遷されている間も坂本らに亀山社中設立のヒントを与えるなど水面下での活動に余念がありません。

亀山社中というのは貿易会社であり、「開国によって大手を振って外国と貿易が出来るようになった今、幕府にのみ交易の旨みを与えておく必要はない。ここで利益を蓄え武器を調達できるようにしよう。」というのが目的でした。坂本龍馬は勝から与えられた知恵をもとに亀山社中を設立しますが、交易による利益といえば…、そうです、まさに勝がペリー来航の際に意見書で上申していたのをこの場面で実行に移させていたのです。

再び表舞台へ

こうして、冷や飯を食わされていた間も工作活動を続けていた勝に再び日の目が当たる時がきます。1866年第二次長州征討のおり、勝が軍艦奉行として長州との停戦交渉役を任されます。各地で惨敗し将軍家茂も急死してしまい、幕府としては早期に長州征討を切り上げるために他の幹部が嫌がるところを勝に頼んで交渉役を引き受けさせました。ところが勝が交渉のために動いていたころ、なんと慶喜が朝廷からの征長中止の勅旨を引き出してしまいます。これにより、幕府は長州征討から引き上げることになります。一方で勝に停戦のための交渉を任せ、もう一方では朝廷から征長中止の勅旨を引き出すとはどういうことでしょうか。これにはわけがあります。長州との和平交渉となると幕府もそれなりに折れなければなりません。しかし、朝廷から征長を中止せよとの命令が出たとなれば「別に長州に負けたわけではない。朝廷がやめろというから攻撃をやめてやるのだ」と長州に詫びを入れずに引き返すことができるのです。将軍後見職にあった一橋慶喜が考えた作戦ですが、確かにずるい作戦です。しかも、場合によっては長州の連中に殺されるかもしれないとの覚悟

で交渉にいった勝を見殺しにするような作戦です。これがきっかけで勝は慶喜を嫌うようになります。

陸軍総裁

さて翌1867年、大政奉還が行われ、徳川家も全国にある大名家の一つとなり、勝は陸軍総裁の職に就きます。平たくいえば軍の最高責任者なのですが、なぜそのような大任が勝のところに回ってきたのでしょうか。答えは新政府軍の攻撃姿勢が非常に強かったことにあります。薩摩、長州の薩長連合を中心とする新政府軍は幕府が大政奉還した後も徳川家を潰すという方針を曲げることはありませんでした。一度振り上げた拳は振り下ろさずにはおけないというやつです。徳川方も一度は鳥羽伏見で戦うもののあえなく惨敗、その後も迫り来る新政府軍に対して何とか穏便に済ませたいと考えていました。一度戦争を始めておいて、穏便というのも虫がよすぎるかもしれませんが、そこで幕府内でも穏健派の勝を陸軍総裁にして新政府軍との交渉にあたらせることにしたのです。

西郷との会談

このようなギリギリの場面で最高責任者にされるのもたまったものではありませんが、新政府軍の江戸城総攻撃を前に勝は敵側の参謀、西郷隆盛と江戸城で会談します。そこで徳川家として要求したのが「徳川慶喜を実家の水戸に謹慎させること」、「武器は相当数を徳川家に残すこと」などを内容とするものでした。15代将軍であった慶喜は岡山に謹慎させようとするのが新政府軍の方針でしたがそれよりも御三家の一つである慶喜の生家の水戸徳川家に預けるように要求し、しかも武器は徳川家に残せとは勝もずいぶん大きく出ました。しかし、この無茶な要求の裏には細心の配慮と脅しがありました。一つは、新政府軍との交渉にあたり、薩長同盟の側の後ろ盾、イギリス公使のパークスの影響を最大限に利用して裏から圧力をかける。そして、もう一つは市民を避難させ、江戸を焼き払う準備を整えた上で西郷との会談に臨んだのです。「要求を呑まなければ江戸は火の海だぞ」といった大胆な脅迫をしながらもその裏では緻密な作戦をたてているところが勝の本領発揮といえます。この作戦が功を奏して江戸城の無血開城へとつながり、慶喜の助命嘆願も受け入れられます。

明治政府の要職

その後、徳川家が駿府に70万石を与えられると勝もついて行ったのかというとそうではありませんでした。なんと、今度は明治政府の要職に就くことになります。参議と海軍卿を兼務した後に枢密院顧問になりました。枢密院といえば明治憲法制定の際に草案作成のため設立され、制定後は天皇の最高諮問機関となったところです。幕府の要職にあった勝がそのような政府の重職に就いていたのですから如何に能力が

見込まれていたかが窺《うかが》えます。本人の談では椅子に座っているだけだったという話ですが。こうして、日本をあわやのところで大規模な内戦から救った勝はその後、明治政府を支える役にまわり、1899 年に亡くなりました。

さて、ここまで見ると勝海舟という人は良く言えば、常に物事を客観的に、悪く言えば他人事のように見ていたといえるのではないでしょうか。だからこそ、世の中が尊王攘夷で沸き立っている頃にも開国を主張し、幕府側の人間でありながら薩長に利益をもたらすような貿易会社の設立の策を授ける。さらには江戸に迫り来る新政府軍に対し、堂々と交渉した後、明治政府でも要職に就いてしまう。根無し草といえばそれまでですが、おそらく自分の立場、所属する組織にこだわるタイプではなかったのでしょう。どのようにすれば、日本という国家、国民のためになるのか、それを第一に考えていたからこそ、組織にいながら組織の枠にとらわれない発想をもつことができたといえます。

「俺にあるのは叔父の七光りだけではない」
しかし脇の甘かったエリート

後藤 象二郎《ごとう・しょうじろう》

1838年（天保9年）生まれ。土佐藩士、政治家。薩長が幅を利かせる明治新政府の中で、重職をこなし、農商務相にまで出世する。享年60歳。

山内容堂の右腕である吉田東洋の義理の甥にして、東洋の死後は藩政の中心に立った後藤象二郎。若いころは岩崎弥太郎らと共に東洋から教えを受けていました。藩の首脳にまでなりあくまで藩士として大政奉還、討幕に関わっていた点では薩摩の小松帯刀と似ていますが小松が相手を身分で差別することのない温和な性格であったのに対して、後藤の場合は東洋の影響が強かったのか差別的志向が強い部分があったようです。そのため、下士で結成されていた土佐勤王党を嫌い、武市半平太とは敵対関係にありました。

東洋暗殺

土佐に生まれた後藤象二郎は11歳のころに父親を亡くし、その後は吉田東洋に養育されます。東洋のもとで板垣退助、岩崎弥太郎らと共に学んでいた後藤は東洋が藩政改革の中心となるにつれて門下生たちと共に藩政改革に参加します。しかし、父親代わりとも師匠ともいえる東洋が1862年、土

佐藩の尊王攘夷派である土佐勤王党の者たちに暗殺されてショックを受けた後藤は藩の役職を辞職し一時、江戸に出て蘭学、英学を学びます。日ごろから東洋に「攘夷などと考えているようでは、頭が固すぎる。やってくる外国船をいちいち打ち払っているようではそのうち日本の方が植民地にされてしまう。これからの日本はいかに外国と付き合い、彼らの文化を吸収するかが大事なのだ」と教えられていた後藤は土佐勤王党に復讐する前にまずはイギリス、オランダの研究をしようと決心したのです。

亀山社中を土佐によぶ

２年後に土佐に戻った後藤は容堂から参政に任命され、藩の重職を担うようになります。また、捕えられていた武市以下の土佐勤王党の追及も開始します。後藤にしてみれば、武市は古い考えから脱しきれない時代遅れの人間であり、しかも親の仇も同然の相手です。厳しい追求を行い、武市をはじめとする勤王党員を死刑にします。ここで後藤の復讐は終わりますが、彼の活躍はまだまだ続きます。東洋の甥であり、しかもその実力も買われて容堂から信任の厚かった後藤は藩内の経済活性化にも努力します。1865 年からたびたび長崎にも出かけ国産品の輸出と同時に武器の輸入をしていた後藤は坂本龍馬の貿易会社「亀山社中」を土佐藩所属として海援隊に組織変えさせます。開国後、海軍の強化を目指す土佐藩としては神戸の操練所で学んでいた坂本率いる亀山社中を土佐所属にして軍隊としての活動を担わせれば、経済、軍事両方の面で土佐が充実するのではないかと考えたのです。そしてこの時の坂本とのつながりが後に重要な意味を持つことになります。

坂本から秘策を預かる

1867年、いよいよ薩長による武力討幕が近づくなかで坂本から後藤に「船中八策」が伝えられます。これは徳川家が先に大政奉還を実施することによってその力を温存し、その後の新政権の中心となって日本を動かしていくという策なのですが、後藤はこの案を藩の実力者である山内容堂に伝えます。これを聞いた容堂は大喜びでこの策を採用します。もともと幕府を支持する土佐藩にとってはなんとか新政権でも徳川家の存続を図り、そのなかで土佐藩も政権に関わろうとしていたのでした。容堂から大政奉還を幕府に進言するように命じられた後藤は老中、さらに将軍慶喜の前で政権返上こそが最善の策であると伝えます。これが成功して大政奉還の実現に至りますが、薩長の巻き返しで結局は徳川家との決戦に流れが傾いてしまいます。

明治では一時は民間人に

最後まで容堂と共に武力討幕に反対した後藤ですが結局、鳥羽伏見の戦いに至ってしまい政治的には挫折したことになります。しかし、新政府では参与や大阪府知事と重要な任務

をこなし、征韓論で敗れ、学友でもあった板垣退助らと共に下野すると今度は大久保の独裁政治を批判して自由民権運動を起こし、自由党結成に加わります。ところが藩内でも新政府でも官僚として強い立場に立つことに慣れていたせいか脇の甘さも目立ちました。自由民権運動が盛り上がっていた最中に政府から洋行（外国への視察、旅行も兼ねています）の誘いを受け三井の資金提供を受けてしまい、世論から大きな反発を受けます。やっぱり自分は民間から政府を攻撃するよりも政府の中にいる方が向いていると思ったのか、その後は 1894 年に辞任するまで閣僚に収まります。

土佐藩首脳にまで出世し、薩長が幅を利かせる新政府のなかで一時は下野するものの、返り咲いて農商務相にまでなった後藤象二郎は極めて官僚肌の人間にみえます。しかし、彼のような人がいたからこそ坂本のような破天荒な人物が活かされた場面があり、こう考えると歴史には表、裏、さまざまなところに重要な役割を果たした人間がいたことを改めて感じさせられます。

「偉くなれれば武士でなくてもいい」
幕末の秀吉？ 武士よりも偉くなる

岩崎 弥太郎《いわさき・やたろう》

1834年（天保5年）生まれ。土佐藩士、実業家。三菱財閥の創業者。貧乏のどん底から這い上がる、七転び八起きの精神で大成功。享年52歳。

「士族の商法」とは明治時代になって商売に手を出して失敗した士族階級の人間を揶《や》揄《ゆ》する表現です。それまで刀をさげて（刀を振ることは少なかったでしょうが）役人仕事をしていた武士が突然商売に手を出しても簡単には上手くいきません。その中で岩崎弥太郎は明治時代において商売に成功した数少ない士族階級の人間といえます。三菱財閥をつくり、大隈重信に頼まれて早稲田大学創立のための資金を提供したりと、明治における財界の中心人物の一人でした。しかし、その岩崎も最初からすべてが上手くいっていたわけではありません。むしろ、その前に十分な失敗を重ねていたからこそ成功に結びつけることができたといえます。失敗は成功の元、七転び八起きを地で行く岩崎弥太郎について見ていくことにしましょう。

江戸に留学、しかしすぐに帰藩

岩崎弥太郎は土佐藩の井口村で生まれます。父の名前は弥

次郎といい、息子が弥太郎ですからまさに太郎が次郎を超えて大出世したことになります。1854 年、彼が 20 歳の時に江戸に出て翌年に安積良斎という江戸有数の学者の塾に入り教わります。しかし父親が藩で揉め事を起こしたのが原因で留学を切り上げて藩に帰ります。どうも借金がらみの事件だったようです。この事件で父親をかばって役人を非難してしまったので弥太郎まで投獄されます。もともと、地下侍といって農民だか武士だか分からないほどに武士としての階級が低い岩崎家でしたがやっと息子が江戸に留学できた矢先にトラブルが起きたのでした。

あきらめない弥太郎

しかし、この程度であきらめる弥太郎ではありません。なんといっても貧乏のどん底で暮らしていたためにとにかく粘り強い、最初の有名な挫折がこの事件ですが、いちいちへこたれていたら弥太郎の場合、命ならぬ気持ちがいくらあっても足りません。

投獄された翌年には釈放され、吉田東洋の門下生となります。吉田東洋といえば藩の実力者、山内容堂の側近中の側近です。ここで東洋の甥の後藤象二郎らと学ぶことで後の明治政府の要人とのつながりも作っていったのです。

しかし、まだ自分が将来そのような重要な立場に立つことは知らない弥太郎は、東洋の推薦で下横目という役職につき長崎に派遣されます。

東洋暗殺が復帰のきっかけ

弥太郎が長崎に派遣されたのは1860年ですからアメリカとの間に修好通商条約を結んだ後です。貿易でにぎわう長崎の現状を調査するのが仕事のはずでした。ところが、なんと途中でこの仕事を放り投げて帰国してしまいます。もちろん吉田からは罰として職を解かれ、せっかくのチャンスを棒に振ってしまったのですが、ここでまたチャンス到来です。今度は吉田が暗殺されてしまいます。そこで犯人探しを命じられて弥太郎が井上佐一郎と京都に上ります。吉田に目をかけられて出世のチャンスをつかみ、失敗しても吉田が死んだおかげで再びチャンス到来、本人のネバーギブアップもさることながら運もかなり強い人でした。

「士族の商法」を始める

東洋暗殺について武市半平太が率いる勤王党が怪しいと見られていたので調査に乗り出したところ、相方の井上佐一郎が暗殺されます（犯人は岡田以蔵）。これ以上調べるのは危険ではないかと思っていたところに藩から帰るように命令がだされたので今度は無断帰国にならずに帰ることができました。そして、ここから弥太郎の「士族の商法」が始まります。これまでは武士として出世することを目的としてきた弥太郎でしたがどうにもうまくいきません。これは宗旨替えしたほうがいいんじゃないかと考えた弥太郎はまずは大阪で材木商

を始めますが失敗、土佐に帰って新田開発を始めて少しまとまったお金ができると郷士株を買います。地下侍から少し偉くなったのです。

亀山社中を見てひらめく

ところが1866年、開成館国産方の下役になれたものの上司と喧嘩して辞職してしまいます。どうも父親の事件の時といい、偉くはなりたいけど、エラソーな奴には我慢ならない性格のようです。翌年、今度はこの開成館の出先機関である土佐商会主任として長崎に行きますがここで坂本龍馬の亀山社中をみて驚きます。いままで弥太郎は商売重視に切り換えてはいましたが、それは藩の組織の枠を出ないものでした。ところが脱藩した坂本の亀山社中は薩摩の後ろ盾はあるものの世界を相手に商売をしているのです。弥太郎はどうせやるならこれぐらい大規模なものを目指してやろうと考えました。

三菱商会を設立

いったん土佐に帰った弥太郎は土佐商会でどんどん出世し、1870年には土佐開成社を設立します。さらに翌年には廃藩置県にならって自分も土佐藩に会社など一切を一度返上しますが、その後、改めて払い下げを受けます。そして1872年には三菱商会を設立し、ここに三菱財閥の基礎を確立します。

幕末のごたごたをその目で見てきている弥太郎でしたから商機は逃しません。佐賀の乱、台湾征討、西南戦争では新政府の物資の運送役を担当し、西南戦争終了後にはちゃっかり海上権を握り、彼の郵便汽船三菱会社はさらに発展します。

その後も、政府からの援助を補助金や格安の炭鉱払い下げといった形で引き出す弥太郎ですが、1885年2月に胃癌で亡くなります。

しかし、三菱は共同運輸と合併し日本郵船会社となる一方、弥太郎の娘婿二人（加藤高明《かとうたかあき》と幣原喜重郎《しではらきじゅうろう》）が首相となり、政界との結びつきを強めますます発展していきます。

「情だけでは天下は覆せない」
緻密な作戦も得意とした討幕派の参謀

西郷 隆盛

さいごう・たかもり

1827年（文政10年）生まれ。薩摩藩士、軍人、政治家。江戸から明治へ…、四民平等となった世の中で不平士族に盛り立てられて西南戦争を起こすも、自害して果てる。享年50歳。

西郷さんといえば人間が大きいとか情に厚い人だとよく言われます。なるほど、殺さなければいけない相手と心中を図って一緒に海に飛び込んだり、行き場のなくなった武士たちの死に場所をつくるために自ら死を覚悟して一大戦争を仕掛けたりしたと考えれば確かに情け深い人だといえます。さらに勝海舟と並ぶ江戸城無血開城の英雄でもあります。しかし、本当にそれだけでしょうか。「いい人」なだけの西郷隆盛が討幕に大きな役割を果たして明治政府の重職に就き、やがて政府に逆らって死んでいくでしょうか。まずは、討幕までの西郷隆盛を追ってみましょう。

京都での工作活動

西郷隆盛は薩摩の下級武士の家に生まれますが藩主、島津斉彬《なりあきら》に才能を見込まれて彼の片腕となって働きます。初の大仕事は将軍継嗣《けいし》問題と関係がありました。ペリー来航時、国内が不安定になるなか、子どものいない13代将軍徳川家定の跡継ぎを誰にするかが重要な問題でした。血筋を重視して紀州の徳川慶福《とくがわよしとみ》を推す紀州派に対し、薩摩藩主、島津斉彬は有能であると評判の高い一橋慶喜を推していました（一橋派）。西郷は一橋慶喜を将軍継嗣として朝廷からも後押ししてもらえるように京都に送り込まれたのです。あの身体の大きさに似合わず？水面下での工作が上手かったようで公家たちとの交渉を着実に進めていきます。特に近衛家との関係を重要視していたのですが、島津家と近衛家とは鎌倉時代以来のつながりがあると同時に、13代将軍家定の御台所《みだいどころ》（正室）篤姫が島津家から徳川家に輿入れする際に近衛家の養女になってから嫁いだこともあって深い関係にありました。

そして近衛家と西郷の橋渡し役をして京都での工作活動におおいに貢献していたのが清水寺の僧侶の月照《げつしょう》でした。次期将軍が誰になるのかは、徳川家はもちろん、各地の大名、公家、さらには僧侶にとっても重要な問題でした。坊主なら俗世に関わらなくともいいのではないかと思いますが、月照に大きな不幸が巡ってきます。

月照と一緒に海中へ

紀州派の井伊直弼が大老になったことで将軍継嗣問題に決着がつき、次期将軍に紀州の慶福が決まります。一橋派も最後の抵抗で朝廷に頼んで井伊を失脚させようとしますが、これが失敗し井伊の反撃（安政の大獄）に遭います。西郷も仕事が失敗におわり、とりあえず薩摩に帰ることになりますが西郷に協力して京都にいられなくなった月照も連れて行きます。しかし安政の大獄の最中、幕府から目をつけられている月照を藩内で匿《かくま》うことは出来ないと藩から月照の受け入れを拒否されます。「利用するだけ利用して都合が悪くなれば切り捨てるのはひどいではないか」と思われるでしょうが文句を言っても始まりません。薩摩に帰る船の中で西郷は悩みます。「ここで月照を京都に帰しても殺されてしまう。しかし、藩からの命令で彼を連れて行くことは出来ない。それならば」と月照と一緒に海に飛び込みます。入水自殺です。

これまで協力してくれた人を一人で死なすという薄情なことは出来なかったので自分も一緒に死のうと思ったのでしょう。ところがなんと、月照は死にますが西郷は生き延びてしまいます。西郷にしてみれば恥ずかしいやら格好悪いやらですが、薩摩藩は幕府の手前、西郷が生きていると報告するわけにもいかず奄美大島に潜居させることにしました。

久光に逆らう

こうして左遷されてしまった西郷ですが大老井伊直弼が桜田門外の変で殺害され、薩摩に対する風当たりも弱くなってくると復帰のチャンスがやってきます。藩主の実父、島津久光（斉彬は久光の兄ですが、亡くなって久光の息子があとを継いでいました）は井伊に弾圧されていた一橋派を復活させ、自分も中央で権力を振るうことを望んでいましたが、彼には野望があってもつてがありませんでした。そこで、かつて京都で活躍していた西郷に中央政界進出の足がかりを作るという大役が巡って来ます。

これで出世コースに復帰と思いきや再びトラブル発生です。京都に上る久光から下関（山口県）で待つように言われていたのですが、西郷は久光を待たずに先に京都に行ってしまいます。なぜなら京都では井伊の死後、尊王攘夷運動が激化して尊攘派が久光を巻き込んでリーダーになってもらおうと計画していました。これから幕府と手を組んでその中心に座ろうという久光が尊王攘夷派と関わってはならないと考え、西郷は主人がトラブルに巻き込まれないように先手を打つために京都に向かったのです。

二度目の左遷

しかし、それを知らない久光は激怒します。「俺の言うことが聞けないのか。さては西郷のやつ、尊攘派を煽《あお》りに行ったな」と誤解して西郷を沖永良部島《おきのえらぶじま》に流刑《るけい》にしてしまいます。主人のためを思ってしたことが主人に恨まれるとは悲劇です。先に京都に行くのなら久光に連絡するか、指示を仰ぐかをすればいいのですが西郷はどうやら口が重かったようです。二度目の左遷に遭い、今度は徹底的に藩主に嫌われたこともあり、おしまいだと思われましたがまたしても復帰のチャンスがやってきます。久光の中央進出作戦はそれなりの成功を収めていたのですが一橋派が内部で微妙な仲間割れを起こし始めます。そもそも一橋派の中心に外様大名の島津家

がいる状態で、一枚岩となって徳川家を支えるというのには無理がありました。

復帰直後に長州を撃退

そこで西郷の親友であり、久光の腹心であった大久保利通《おおくぼとしみち》は「この辺が久光の限界だな」と見切りをつけ「現状打開のために」と久光に西郷の復帰を進言します。おかげで再び戻ってきた西郷でしたが今度は戦争が待っていました。前年に尊王攘夷で盛り上がり、表向きは手を組んでいた長州を京都から追い出してしまったので今度は長州が京都に攻め上ってくる時期だったのです。西郷は薩摩兵を指揮して長州藩を撃退し、今度は幕府と共に長州まで攻め込みます（第一次長州征討）。しかし、長州が謝罪してきたのと幕府の煮え切らない態度が原因で斬りあいにならずに遠征は終了します。「国内をまとめる気があるのなら見せしめのためにも本気で長州をたたくべきだ」と考えていた西郷は、気迫のない幕府に見切りをつけます。

長州と手を組み討幕へ

坂本龍馬や中岡慎太郎の仲立ちで、表向きは幕府に従いながら裏では長州と手を組みます。それまで戦争をしていた相手といきなり手を結ぶとは西郷も思い切ったことをしました。幕府に対する二枚舌といい、それまでの誠実、実直を信条とする西郷のやり方とは思えないほどの変貌です。二度も島流しにされて考え方が変わったのかもしれません。さて、長州との秘密同盟を締結して徳川家に政権を返上させ、新政府樹立に大きく貢献した西郷ですが明治政府では上手くやっていけなかったようです。岩倉具視や大久保利通が欧米諸国に視察に出かけている間、政府を預かっていた西郷は征韓論を唱えます。征韓論とは読んで字の如く韓国を征服しようという主張です。ようやく国内が落ち着きかけてきたときにそんなことはしていられないと、慌てて戻ってきた大久保らに止められこの主張は実現しませんでしたが、このときの対立が原因で西郷は政府を去ります。

士族を引き連れて西南戦争へ

これまで鎖国状態だった日本が開国していきなり韓国と戦争を始めようというのは、相手はもちろん国内にも迷惑な話だったのですが西郷にも一応の理由はありました。「明治になり四民《しみん》平等となった世の中で士族（元武士）の不満が高ぶっている。彼ら（特に下級武士）は武士であったことが誇りであったのに今の世の中ではその誇りももてない。彼らの不満のはけ口が必要だ」と、これが征韓論の根拠だといわれています。戦争よりも彼らの困窮する生活状態の向上に手を尽くした方がよかったのではないかと思いますが戦争で領地を奪えば経済も潤うと考えたのでしょう。西郷にとっては幕末以来まだ戦争は終わっていなかったのかもしれません。この対立で政府を去った西郷は政府からの要望で、もう一度復帰し

ますが長くはもたず再び下野、最後は不平士族に盛り立てられて西南戦争を引き起こして政府軍と衝突、しかし次第に追い詰められて自害します。「あの西郷大将が率いる軍だからもしかすると勝つのではないのか」とも思われましたが既に戦争は兵器の時代、最新式の武器の前には歯が立たずにあっけなく敗れます。自身も幕府との戦いにおいて最新兵器を駆使していただけに皮肉な結果となってしまいました。

「利用できるものは殿でも友でも利用する」
明治政府の影の権力者

大久保 利通

おおくぼ・としみち

1830年(天保元年)生まれ。薩摩藩士、政治家。名よりも実をとって、政府のトップをコントロールして独裁政権をつくるが、不平士族に暗殺される。享年49歳。

冷静、冷酷、大久保利通といえばこのようなイメージをもたれるのではないでしょうか。親友の西郷隆盛が情に厚いのとは反対に彼には目的のためなら手段を選ばない結果至上主義者としての部分も見え隠れします。しかし、そのような性格であったからこそ260年以上も続いた幕府を倒し、明治政府でも参議、内務卿として務め、政治家としての成功を収めることができたともいえます。ここでは大久保の不遇時代から振り返ってみましょう。

親子で失職

大久保利通は大久保利世の長男として生まれます。父は薩摩藩の下級役人だったので暮らしは裕福ではありませんでしたが生活に困るほどではありませんでした。15歳で元服すると彼も記録書助役として勤めだしますが、その頃藩が二分しかねないほどの大騒動が起きます。1849年のお由羅《ゆら》騒動(薩摩藩島津家のお家騒動、藩主斉興《なりおき》の側室お由羅の息子久

光を支持するグループと斉彬《なりあきら》を支持するグループとの対立）です。このお由羅騒動で敗れた斉彬派の一員だった父親は流刑にされ、利通も職を解かれて謹慎処分にされてしまいます。一家の稼ぎ手である父親と長男が同時に無収入になって大久保家は困窮します。

久光に近づく

今の日本でも再就職は簡単ではありませんが、当時は藩から謹慎処分や左遷にされても隣の藩に再就職できるわけではありませんでした。ひたすら藩からお許しがでるのを待つのみです。斉彬が藩主になると1853年に謹慎を解かれ、記録所に復帰します。西郷と共に斉彬の下で働くことになりますが、この頃は西郷の方が活躍していました。ところが1858年、藩主の斉彬が病死し弟の久光の息子茂久が新藩主になります。斉彬に息子がいなかったために久光の息子が後を継いだのですが、それまで斉彬派だった人たちにとっては抵抗がないとはいえません。斉彬一筋であった西郷は彼の舌足らずが災いして久光の怒りを買い、島流しにされてしまいます。そこでうまく久光に近づき彼の懐刀に納まったのが大久保でした。

殿様に気に入られることが大事

大久保にとっては父親が斉彬派だったために自分までとばっちりを受けて謹慎処分にされた過去があります。しかも復帰してみれば親友の西郷の方が可愛がられていたので斉彬に対する忠誠心もそれほどありませんでした。むしろ、「もう一度冷や飯を食わされることのほうがよっぽど怖い、この際だから久光派になってしまおう」というのが大久保の本音だったのでしょう。大久保は久光に会って気に入られるためには興味もない囲碁でも勉強したといわれています。本当かどうかは定かではありませんがリアリストの大久保ですから、何をやるにもまずは出世、出世のためには久光に気に入られなければならないと割り切って囲碁を勉強していたとしても不思議ではありません。彼の性格をよく表したエピソードともいえます。おべっか使いの嫌な奴だと考える人もいるでしょうが、上司からみれば憎めない奴であり大久保は順調に昇進します。

長州との微妙なズレ

そして 1862 年、文久の改革の際に久光が京都に上り、徳川慶喜を将軍後見職、松平慶永を政治総裁職に就けるよう朝廷に働きかけたときも大久保は久光に同行しています。この時点ではまだ幕府は十分に強力な組織でしたから大久保も幕府の力を利用して日本を改革しようと考えていました。しかし、そのとき一つの障害がありました。尊王攘夷を掲げる長州藩の存在です。薩摩も長州も攘夷派である点では同じでしたが、薩摩には幕府と対立する気はありませんでした。ところが長州は政治の中心は朝廷であり、幕府は朝廷に従うべき

だという態度をおおっぴらにとるようになります。

長州を京都から追放

大久保、西郷といった薩摩藩幹部にしてみれば「いきなり幕府を政権の中心から追いだそうなんて無茶なことを言うなよ」と言いたいところです。まずは雄藩（有力な大名）が徳川家を中心とした中央政治に参加する、その後の流れを見ながらいよいよ薩摩が実権をとるか否かを判断していこうという薩摩の計画が崩されてしまいます。そこで一計を案じた大久保らは 1863 年 8 月 18 日に長州藩の勢力を京都から追い出します（8 月 18 日の政変）。

こうして長州の追い出しに成功した薩摩は幕府と協調路線をとります。このとき大久保は京都で攘夷派の公家、岩倉具視《いわくらともみ》と手を組みます。まだ幕府を倒す気がないとはいえ、幕府の権力を少しずつ削るためには有力な公家と手を組み、朝廷を味方につけることは重要なことです。大久保はこのような政治工作の得意なタイプでした。

まだ徳川家を潰す気はなかった

この後、大久保は西郷とコンビで薩摩を動かして討幕の流れをつくりだします。1864 年の第一次長州征討には参加しますが、翌年には長州と秘密同盟を結びます。一度は切り捨てた相手であっても手を組むというのは驚きですが、利用できるものは何でも利用するといったずるさは柔軟な態度ともいえます。この時期に大久保らが考えていたのは朝廷中心の政権でした。朝廷中心といっても実際には各藩の有能な藩士が参加して政治を行っていくのであり、貴族が政権を担当することを考えていたのではありません。もともとはまだ徳川家を中心にしてもいいと思っていたのですが長州一国も潰せず、弱体化が明らかな幕府ならいっそ潰してしまって自分たちが新たな政権を誕生させればいいではないかと考えたのです。

武力討幕を実現

この計画に従い 1867 年には幕府を大政奉還に追い込みます。しかし、徳川家からの政権返上だけでは足りません。新時代の中心は薩摩でなければなりませんでした。したがって徳川家が復活しないように徹底的に叩く必要があるということで王政復古の大号令を発します。これにより朝廷が政権を取り戻したことをアピールし、さらに徳川家の領地を大幅に削減するように図り、浪士たちに薩摩藩士を名乗らせて江戸で暴れさせます。ここまでやられると徳川家も黙っていられません。いよいよ戦争勃発です。大久保ら武力討幕派は完膚《かんぷ》なきまでに徳川家を倒すことが目的ですから「待ってました」とばかりに応戦します。鳥羽伏見の戦いで勝った後は江戸まで攻め上ります。しかし、このとき大久保自身は江戸に攻め上らず作戦指揮を西郷に任せます。すでに戦後の政権運営を考えていたのでしょう。もともと表は西郷、裏は大久保のようなコンビでしたからそのとおりの連係プレーでした。

あくまでも薩摩藩士

さて、西郷の温情が災いしてか徳川家を残すことになったものの討幕計画はほぼ成功します。しかし明治政府という新政権を作り上げ、いよいよこれからが本番の大久保には次の難題がありました。藩主、藩士といった封建制度の存在です。確かに大久保や西郷は討幕運動に重要な役割を果たしました。しかし、今の身分のままでは彼らは薩摩藩士であることに変わりはありません。何をするにも藩の実力者、久光の顔色をうかがわなければならないのでは今後の活動に差しさわりがあると考えていました。

藩主を廃止

そこで 1869 年、版籍奉還を実施します。版籍奉還とは諸藩の藩主が土地（版）と人民（籍、戸籍）を天皇にお返しするということです。これまで幕府に与えられていたものを一度天皇に返すことで日本の君主は天皇であることを確認し、中央集権体制の強化を図るというのが表向きの理由ですが、もう一つ重要なのは自分たち藩士が藩主の下から解放され中央で自由に動き回ることができる点にありました。1871 年には廃藩置県を実施し、藩主という立場をなくし、政府から県令という新たな役職を与えます。

名よりも実を取る

版籍奉還も廃藩置県も中身よりも重要なのは明治政府がやったという形式なのです。江戸時代に存在していたものを一度廃止して明治政府から新たに与える、セレモニーに過ぎないといえばそれまでですが与えることが出来るのは権威のある存在です。明治政府の出だしはこの、「与える」行為によって政府の力を誇示し求心力を高めていったといえます。そして、それを実行させたのが大久保ですが彼は決して自分が表に立つことはしませんでした。薩摩藩士時代同様、彼は参議として太政大臣の三条実美《さねとみ》や右大臣の岩倉具視《ともみ》の下で裏方として政策立案を担当します。

現実主義者の大久保ですから、自分がいきなり表にでたのでは封建制の下にあった藩主たちが納得しないということを分かっていました。したがって名よりも実をとって三条、岩倉といった政府のトップをコントロールする立場を選んだのです。

西郷を政府から追放

1871 年には欧米の政治制度を視察するための派遣団、岩倉遣欧使節団に副使として同行しますが国内で不穏な空気が流れます。西郷が征韓論を唱えはじめたのです。征韓論とは韓国に出兵して制圧しようという主張です。明治になってから四民平等となり特権が剥奪《はくだつ》された士族階級、特に下級士族

には不平が溜まっていましたが彼らの不満のぶつけ先を国外に求めたのが西郷でした。大久保にとっては寝耳に水の話です。やっと幕府を力ずくで倒してこれから欧米に追いつけ追い越せと政治、産業を育てていかなければならないときに隣り近所の国に戦争を仕掛けている暇はありません。西郷と争い、政府から追い出します（明六政変、明治六年の政変の略です）。

不平士族に暗殺される

その後、大久保による事実上の独裁政権をつくり、自らは内務卿となります。内務省は第二次世界大戦終了まで国内で絶大な権力を握っていた組織であり、そのおおもとが大久保によって作られたのです。1877 年には親友の西郷が不平士族によって担ぎ上げられて引き起こした西南戦争を鎮圧しますが、翌年、彼は東京の清水谷で不平士族に刺殺されてしまいます。

主君でも親友でも利用できるときは利用し、意見が合わなければ切り捨てるという割り切った姿勢の持ち主でした。合理的であり、目的のためには手段を選ばない大久保のやり方は確かに討幕を実現し、明治政府に順調なスタートを切らせます。しかし切り捨てられる側に対する配慮がなさ過ぎたために、最後は、自らが切った「士族」に殺されてしまったのです。

「嫁いだ後は徳川こそ私の家」
島津家の姫、徳川家を守る

篤姫《あつひめ》

1836年（天保7年）生まれ。篤姫としての結婚生活はわずか1年9カ月、その後は天璋院として徳川家の存続に尽くす。享年48歳。

徳川家第13代将軍家定の正室（第一夫人）にして、16代当主亀之助（後の家達《いえさと》）の養育に努めた篤姫は薩摩藩出身のお姫様でした。幕府を倒した薩摩の人間によって徳川の生き残りが育てられるというのも皮肉な話ですが篤姫の場合、出身こそ薩摩であっても幕末に徳川家存続のために薩摩にかけあい、完全に嫁ぎ先の徳川家の人間になっていました。

この薩摩のお姫様がどのような経緯で13代将軍家定の正室になり、徳川家を支えていくことになったのかを追ってみましょう。

薩摩の姫を正室に

薩摩藩島津家の分家に生まれた篤姫は藩主斉彬《なりあきら》の養女となり、次に公家の近衛《このえ》家の養女となってから1856年、将軍家定の正室となります。なぜ二度も養女になってから嫁がなければならなかったのでしょうか。これは「家格」をあげるため、簡単にいえば軽く扱われないようにするためでした。

実は家定はそれまでに二度続けて正室を病気で亡くしているのですがどちらも公家の娘でした。もう公家の娘は懲りたと今度は薩摩の姫を夫人に迎えるよう希望します。なぜ薩摩の姫かというと11代将軍の家斉《いえなり》の正室が島津家の姫であり、その家系は大変健康で藩主や藩主夫人が15人いました。それならば島津から夫人を迎えれば大名家とのつながりは深まるし、夫人は丈夫だろうということで大奥や老中も喜んで薩摩から夫人を迎えることに賛成しました。

もめた縁談

ところが、篤姫が島津の分家の娘だと聞いて態度を微妙に変えたのが家定の生母、本寿院《ほんじゅいん》でした。「島津の分家の娘をわざわざ正室に迎えることはないだろう、側室で十分ではないか」といいます。最初に正室として迎えるといわれていたから薩摩藩主の島津斉彬も了解していたものの、側室扱いとなっては話が違います。そこで斉彬は老中の阿部正弘に働きかける一方で、幕府には篤姫を自らの実子として届け出て、更に近衛家の養女としたのでした。もし、正室ではなく側室になどと軽んじられるようなことがあれば近衛家からも抗議してもらおうと考えていたのです。ちなみに近衛家と島津家は古くからの親戚関係にありました。結婚の話があがってから実に6年、ずいぶん長く待たされますが1856年、ようやく家定の正室として迎え入れられます。

世継ぎが生まれない

さて、家定の正室として迎えられた篤姫ですが養父、斉彬にも狙いがありました。それは子のいない家定に篤姫を通じて一橋慶喜《ひとつばしよしのぶ》を次の将軍とするように働きかけることです。篤姫としても自分の立場は分かっているのですが、なかなか家定に言い出せません。そこで姑の本寿院に世継ぎについて相談してみると「何を言うのですか。上様（家定）はまだまだ元気であなたとの間に子が産まれるかもしれないではないですか」とまったく相手にしてもらえません。それまでに正室二人だけでなく側室にまで子ができなかったのですから家定に子ができないのは明らかでした。しかし、そこは母親ですから自分の息子が元気なときに息子の死後のことなど考えたくなかったのかもしれません。

家茂が将軍に

そしてもう一つ、一橋慶喜の父親の徳川斉昭《なりあき》は好色かつケチで有名でした。大奥を取り仕切る将軍の母親としては「そんな輩《やから》がやってきてはたまらない」と斉昭を嫌っていました。こうして篤姫が家定に言い出せないでいるうちに紀伊の慶福《よしとみ》派が優勢になり結局、14 代将軍は慶福に決まります。次期将軍が慶福（後の家茂）に定まると篤姫は家茂を支えていこうと決意します。もともと慶喜を擁立しようとしていたのは斉彬にいわれたからでしたが、家茂はまだまだ 13 歳と

幼いながらも素直で利発な少年といわれ、会ってみれば弟に対するような親近感が生まれたのかもしれません。

家茂を支える

公武合体のスローガンの下、朝廷から天皇の妹である和宮《かずのみや》を家茂の正室に迎えたときは、一時は大奥が篤姫（家定死後は天璋院）派と和宮派に分かれて対立することになりますが次第に協力して家茂を支えるようになります。家茂が上洛する際には、曲者が大勢いる朝廷内で公家の手玉に取られないようにと天璋院は自分の側近を同行させます。しかし残念ながら家茂は1863年の5月10日までに攘夷実行を行うことを約束させられてしまいました。一応無事に帰ってきたものの1865年、討幕運動が盛り上がる長州を討つために家茂は三度目の上洛をして帰らぬ人となります。家茂は「自分に何かあったときには田安家の亀之助を後継ぎに」と言い残しておいたので天璋院もそれにしたがって速やかに亀之助を将軍にするように指示しますが、当の亀之助はまだ4歳、さすがに不安に思った老中をはじめとする幕府の幹部が反対し、一橋慶喜を将軍とすることで決まりました。

慶喜への不信

ところが天璋院はこの慶喜がどうにも好きになれませんでした。家茂が上洛するまでは開国論を唱えていたのが、いざ上洛すると朝廷に合わせて攘夷を主張する軽さが気に入らなかったようです。そして、この後天璋院の不信感は的中します。薩摩長州の挑発に乗って慶喜が兵を京都に進撃させ、鳥羽伏見の戦いで敗れた後に兵を置き去りにして江戸に帰ってきてしまうのです。これには天璋院だけでなく江戸にいた幕府の幹部は皆あきれます。開戦することは悪くありませんでした。何にあきれたのかといえば、味方を置いて帰ってきてしまったことです。たとえ薩摩長州が自分たちは官軍だと言い張っても潰してしまえばこちらのものです。幕府軍のほうが圧倒的に兵力で上回っていたのですから徹底的に戦うべきだというのが江戸に残っていた人々の一致する考えだったでしょう。

実家への手紙

慶喜が逃げ帰ったことにより、それまで様子見を決め込んでいた他藩の大名も官軍側につき始めます。このままでは徳川家そのものまで滅ぼされると案じた天璋院は江戸へと進軍してくる官軍の参謀である西郷隆盛に向けて徳川家の存続を嘆願する文書をしたためます。西郷は天璋院が家定の正室となる際に藩主、島津斉彬の指示でさまざまな工作活動をしており天璋院のこともよく知っていました。その天璋院からの訴えを無視するわけにもいかず、また勝海舟との会談もあって西郷は江戸を戦場とすることを避け、徳川家が存続できるように計らったのでした。

最後まで徳川家を支える

その後の天璋院は16代当主の田安亀之助の教育にあたります。家茂の遺言どおりにこの子が15代将軍になっていればと何度も思ったに違いありません。彼が1877年にイギリスに留学するまで熱心に養育し、のちに亀之助が婚約すると今度は婚約相手の教育をします。婚約相手は近衛康子、つまり島津家とは縁続きの近衛家の出身です。婚約にあたって天璋院もだいぶ世話をしたことでしょう。亀之助夫婦の世話の他に本寿院と実成院《じっせいいん》（家茂の母）と生活を共にしていました。まさに明治における徳川家の縁の下の力持ちであった天璋院は1883年に亡くなります。徳川家の存続のために尽力した天璋院が討幕の首謀者である薩摩出身とは運命の皮肉といえますが彼女がいたからこそ明治になってからも徳川家が存在し続けることができたのです。

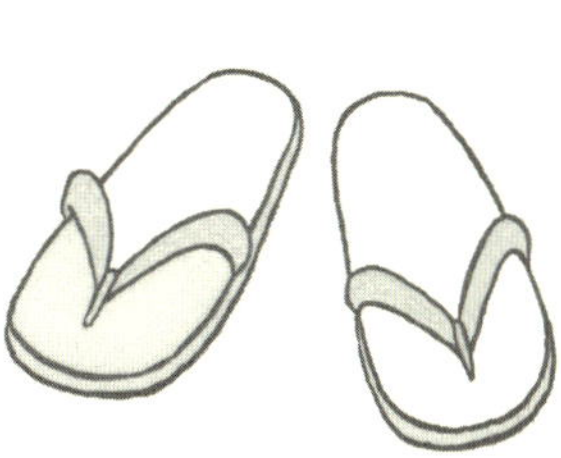

「結婚は無理やりだったけれど」
家茂との結婚生活は夫婦円満

和宮《かずのみや》

1846年（弘化3年）生まれ。朝廷や幕府の都合で不本意な結婚を強いられるが、最終的には徳川家の存続に尽くす。享年32歳。

孝明天皇の妹、和宮は14代将軍家茂の正室として江戸にやってきます。本人としては望まない結婚であり、いやいやながら江戸に来たという感じは拭えませんが鳥羽伏見の戦いのあとは徳川家の存続のために朝廷に手紙を送ります。夫の死後も天璋院と共に徳川家のために尽くした彼女の人生はどのようなものだったのでしょうか。

有栖川宮との婚約

和宮は6歳の時に有栖川宮熾仁親王《ありすがわのみやたるひとしんのう》と婚約します。ところが1860年、幕府から将軍家茂の正室にと和宮の降嫁《こうか》が要請されます。幼い時には婚約といっても実感はなかったでしょうがこの時14歳、有栖川宮との結婚を意識し始めていたころでしょう。輿入れの日取りまで決まっていました。ところが突然持ち上がった家茂との結婚の話、当然、和宮は拒否します。このような申し出があった理由は条約勅許《ちょっきょ》問題で朝廷が紛糾していたことにありました。

1858年、ハリスから通商条約の締結を求められた大老井伊直弼は朝廷に条約の勅許を願い出ます。しかし、異人嫌いの孝明天皇は勅許を出さず、井伊は結局勅許なしで条約を締結してしまいます。これがきっかけとなり朝廷は幕府に不信感を持ち、攘夷派の長州などが幕府に対する批判の声を高めるようになりますが1860年に井伊が暗殺されてしまいます。

不本意な結婚

強硬派の井伊がいなくなったことで幕府は再び穏健路線にもどり、朝廷との関係を保ちながら政治を行うことを目指します。これが公武合体路線です。公は朝廷のことであり、武は幕府を指します。

この公武合体路線を確実なものにするために和宮を家茂と結婚させてもらえるように幕府は朝廷に願いでます。天皇としても妹を嫁がせれば幕府は攘夷を実行するというのだから仕方ないかと考えます。しかし和宮にしてみれば納得できません。婚約者がいるにも関わらず、無理やり別れさせられて江戸に行けとは承諾できない話です。ですが、兄の側近の公家たちも降嫁に大賛成し、拒否し続ければ親戚や母親（孝明天皇と和宮は母親違いの兄妹でした）に厳しい処分がなされるとなり、やむなく家茂との結婚を承諾します。

天璋院との対立

さて、家茂の正室になった和宮ですが、公家流を貫こうと最初から決めていたようです。「私は兄の天皇のために将軍の正室になるが武家の流儀に従う気はない」ということです。住み慣れた京都から遠く離れた江戸に行くのですから、このような気持ちになるのも分かりますが、これが衝突を生みます。

まず、結婚の挨拶に持参したお土産に「天璋院」へと書いて侍女に渡しに行かせます。仮にも天璋院は家茂の母（義理ですが）にあたる人なのですからお姑さんです。その人に呼び捨てで贈り物をするというのは失礼にあたりますが、内親王として蝶よ花よと大切に扱われてきた和宮なので武家出身の相手に敬称を使うとは思いもしなかったのでしょう。

しかも、当初は御台様《みだいさま》（将軍の正室の呼び名）とよばれていたのを和宮様と変更させます。あくまで自分は公家の人間であるということを貫きたかったのかもしれません。ですが、これは天璋院をはじめ、大奥の女性たちにとってたいへん不愉快でした。大奥には大奥の長い歴史と伝統があると自負していた彼女たちですから、和宮やその周りの女官たちと対立します。

仲睦まじい夫婦生活

ところが、14代将軍家茂はさすが「天授の君」と言われ

たほどの聡明な青年です。姑と嫁の戦争に対して我関せずと知らん振りをするようなことはせず、まず奥さんを立て「和宮様」とよんでいたようです。なんといっても相手は京都からはるばるやってきたお姫様です。心細いでしょうし、すぐに江戸になじむことは難しいだろうとよく分かっていたのです。そこでまずは奥さんを尊重して家の中がうまくいくようにする、母である天璋院の方は江戸に慣れているのだから不満は聞きつつも少しは我慢してもらおうと、こういうわけです。家茂の作戦が当たって最初はかたくなであった和宮も次第に徳川家になじんでいくようになります。夫が上洛した時にはこまめに手紙を送り自分や天璋院、さらに家茂の実母の実成院《じっせいいん》が元気であることを知らせ、家茂からもたびたび手紙を送っています。たいへん仲睦まじい夫婦だったのですが1866年の長州征討の途中で家茂は亡くなってしまいます。5年余りの夫婦生活でした。

夫の実家を守る

しかし、それでも和宮にとっては十分に夫との絆を深めた期間だったようです。15代将軍徳川慶喜が鳥羽伏見の戦いに敗れて江戸に帰還すると徳川家を赦してもらえるよう朝廷に手紙を書き侍女に届けさせます。慶喜が謝罪するなら、という条件付きで徳川家の存続を約束されると今度は岩倉具視にも使者を出して江戸への進撃中止を要求します。また、官軍の総督が和宮のかつての婚約者、有栖川宮熾仁親王であったのには運命の皮肉を感じたことでしょう。結局、朝廷と幕府の全面戦争は回避されます。和宮や天璋院は面と向かって交渉したわけではありませんが彼女たちのこうした努力が徳川家を救った一因であることは確かです。

徳川家の無事を見届け 1869 年、一度は京都に帰りますが 1874 年に天皇の勧めもあり再び東京に帰り、3 年後の 1877 年に亡くなります。夫の家茂も若くして世を去りましたが妻の和宮もまた 32 歳の若さで亡くなってしまいました。朝廷や幕府の都合で不本意な結婚を強いられた和宮ですが結婚した後の彼女は悲劇のヒロインどころか、むしろ生き生きとしていたといえるでしょう。

「俺は明治政府と徹底的に戦った」
芸が身を助けた維新の外交官

榎本 武揚《えのもと・たけあき》

1836年（天保7年）生まれ。江戸時代末期から明治期にかけての幕臣、政治家。明治新政府に反抗するも、有能な人材として新政府の外務部門で活躍する。享年73歳。

芸が身を助けるとはまさに彼のことです。初めは幕府側の人間で、徳川家の事実上の降参といえる江戸城明け渡しの後も土方歳三《ひじかたとしぞう》と共に北海道まで後退しながら明治政府軍と徹底的に戦いました。それにもかかわらず明治政府に降参した後は政府の外交部門で活躍し、外務大臣にまでなります。新政府が人材不足であったのはもちろんですが、榎本の高い能力が買われた結果でもあります。旧幕臣が明治政府で出世することを批判した人々もいますがその国、人のためになるならばトップが替わっても才能を活かして働き続けたことは批判されるべきことではありません。まして榎本は徳川家が降参した後まで戦っていたのですからある意味、忠臣ともいえるでしょう。

オランダに留学

榎本武揚は江戸で生まれ、21歳の時に長崎海軍伝習所に入学し27歳でオランダに留学します。この頃、すでに日本は開国していましたが海軍強化を図るために、つき合い始めたばかりのアメリカに「黒船の作り方を教えてくれ」と頼むよりも250年以上鎖国していた間も交易のあったオランダの方が教わりやすかったのです。「アメリカには無理やり開国させられたから頼みたくない」という気分的な問題もあったかもしれませんが、最大の問題は言語でした。蘭学はそれまでも日本で奨励されていましたからオランダ語を話せる、または読み書きできる人間は幕府の中にもそれなりにいましたが英語となるとオランダ語ほど通訳の数が確保できません。だからコミュニケーションのとりやすいオランダ人に教授を頼んだのです。

艦隊を率いて逃げる

1867年までオランダに留学していた榎本は幕府がオランダから購入した開陽丸を運航して帰国します。幕府の海防政策の一環として留学し、さあこれからが本番と意気込んでいたところに同年、幕府が大政奉還をしてしまいます。その後、勝と西郷が江戸城で交渉に及んでいる時に官軍に対する脅しとして台場沖(今の東京湾)で艦隊を率いて待機します。もし、徳川家（旧幕府）側の要求が受け入れられない場合は徹底抗戦に臨んで江戸を焼け野原にするつもりだったのです。この脅しが功を奏して将軍慶喜の助命をはじめとする要求は一部受け入れられ、江戸での決戦には至らずに済みます。しかし武器、艦船の明け渡しをしなければならないのに対して榎本

はそのまま艦隊を率いて脱走してしまいます。

本当に徳川のためだったのか

官軍からみると「せっかく主君の命を助けたのにそれでは約束違反ではないか」となります。しかし、もともと榎本らは徹底抗戦派であり、薩摩長州が率いている官軍は天皇の名を利用しているだけの偽官軍だ、と主張していました。薩長主導というところはそのとおりですが、それでは慶喜が処刑されてもいいのかということになります。おそらくこの時期、戊辰《ぼしん》戦争で死んでいった旧幕府側の人間にしてみれば「徳川家のため」というよりも一部を除いて「自分たち」が支えてきた政権のために戦っていたのでしょう。戊辰戦争は東北の諸藩が同盟を締結して新政府軍に抵抗した戦いですが、東北諸藩にしても260年間自分たちが君主であったわけではなく徳川家に従わされてきた存在だったのです。

北海道に新政府を樹立

榎本らの徹底抗戦派が、徳川家が降参した後も戦ったのは、主のためではなくその後の自分たちがどうなるのかという不安や「旧幕府に逆らう勢力＝自分たちを否定する勢力」に見えたからでしょう。榎本はこれらの勢力をまとめて官軍に抵抗しますが、船が近代化されていても数が少ないうえに、陸地での戦いも質量共に官軍の方が圧倒的に勝っていました。やむなく北海道まで後退し、函館を占領した後に新政府を樹立します。この新政府で榎本は総裁になりますが、1869 年、黒田清隆（後の第２代総理大臣）が率いる征討軍に敗れ降伏します（五稜郭《ごりょうかく》の戦い）。新政府の総裁といえば反乱軍のボスなのですから死刑にされるのが当たり前です。ところが、ここで榎本は死刑をまぬがれます。

死刑をまぬがれる

降伏直前に、当時の日本では彼だけが持っていた「海律全書」という本を黒田に送り、「自分はどうなってもいいからこの本だけは残し、新しい時代に役立ててくれ」と言います。これが黒田の胸をうち助命へとつながったという美談もあります。しかし、当時の明治政府は国内もまだ安定しておらず、対外政策に至っては人材不足が目立つ状況で有能な人間を殺すのはもったいないというのが実情でした。そのおかげで死刑をまぬがれた榎本は 1872 年まで東京で牢獄生活の後、北海道開拓使出仕となります。

外交の専門家

当時の北海道といえば極寒の地で開拓使は死を覚悟していたといわれます。しかし一度死んでもおかしくなかった榎本は拾い物の命とばかりに懸命に働きます。

1874 年には樺太（現在のサハリン）問題をロシア側と話し合うため全権大使としてロシアに出向き千島樺太《ちしまからふと》交換条約を締結します。その後も外交関係の部門を転々とし外務大臣にまで上りつめます。旧幕臣が新政府で出世した点では勝海舟も同じですが、榎本は徹底的に政府軍と戦った後に降伏しているのですからこの出世は異例中の異例といえます。それだけ新政府にとっても殺すに惜しい人材であり、その後の活躍からすれば生かして正解だったといえるでしょう。

「ついて行くべきは先見の明がある先輩」
機を見るに敏な初代首相

伊藤 博文

いとう・ひろふみ

1841年(天保12年)生まれ。長州藩士、政治家。初代、第5代、第7代、第10代内閣総理大臣。西洋諸国の実力を見て攘夷派から開国派へ転身する。享年69歳。

伊藤博文といえば明治(時代)の政治家であり、日本の初代首相です。武士としてのイメージがあまりない伊藤ですが、若い頃は品川のイギリス公使館の焼き討ちに加わるなど血気盛んな攘夷派の一人でした。このようにやんちゃともいえる若者がどのように首相にまで出世していったのかを見てみましょう。

農家に生まれる

伊藤は長州の農民の家に生まれます。まずここで疑問をもつ方もいらっしゃるでしょう。伊藤も長州藩士のはずなのに農民の家の子とはどういうことなのかと。士農工商といわれる身分制度のあった江戸時代では農民が武士になったり武士が商人になったりといった職業の鞍替えは許されていませんでした。ではなぜ、伊藤は武士になれたのでしょうか。答えは「父親が武士の養子になったから」です。博文が14歳の時に父親が足軽の伊藤家に養子に入ったので武士になったの

です。低い身分から日本のトップまで上った例としてよく農民から太閤まで出世した豊臣秀吉や平民宰相で有名な原敬が挙げられますが、何を隠そう日本の初代首相も元は貧しい農民の家の子だったのです。

松下村塾で学ぶ

さて、吉田松陰の門下生となった伊藤はそこで尊王攘夷の思想に感化されます。「天皇を敬い、異国を攘《はら》いのける」、尊王攘夷とはこのような意味ですが先輩の高杉晋作《たかすぎしんさく》や久坂玄瑞《くさかげんずい》とも議論していくうちに彼は外国人を日本から追い出すことこそ日本のためになるのだと本気で考えるようになります。このころ既にペリーが来航し和親条約が締結されていますから日本は開国していました。「攘夷なんて世間知らずなことをいう奴がよく首相になれたな」と思いそうなところですが、このころ「まずは」攘夷を叫ぶ人々が多くいました。伊藤もその一人ですが彼だけではなく、坂本龍馬も高杉晋作も初めは攘夷派だったのです。その彼らがなぜ考えを変えたのか、それは西洋の実力を肌で感じたからなのです。

攘夷から鞍替え

過激な攘夷派であったときは藩の要人を「幕府の手助けをする許せない輩《やから》」として暗殺していた伊藤ですが、イギリス公使館焼き討ち後の 1863 年に藩からの命令でイギリスに留学します。イギリスに渡る途中に上海に寄航し、そこで高杉同様に西洋諸国の実力を見せつけられます。このとき、自分たちは敵をまったく知らずに攘夷を唱えていたがこれでいいのかと疑問を持ち、そしてイギリス本国につくころにはすっかり開国派へと転身していたといわれます。実はこの変わり身の早さこそ伊藤の特徴であり、貧農の子であった彼が首相にまで出世した秘訣でもありました。

親分が次々と変わる

松下村塾に入り、最初は先輩の高杉や久坂についていきますが久坂は 1864 年の禁門の変で討ち死にし、高杉も 1867 年明治政府が樹立する前に病死します。これまで支持していた先輩が死ぬと今度は長州を実質的に動かしていた木戸《きど》孝允《たかよし》（桂小五郎）の部下として働きます。もともと長州藩士なのですから木戸に従うことに不思議はないのですが、その後なんと大久保利通の子分になるのです。それもまだ木戸が元気なうちに伊藤は大久保に乗り換えます。もともとは尊王攘夷のために暗殺仕事もこなし、後に現実主義に目覚め開国派に変わった伊藤ですから権謀術数に長《た》けた超リアリストの大久保とは肌が合ったのでしょう。

大久保の指示で西郷を追放

しかし、薩摩といえば最後には手を組んだものの、一度は長州を裏切った大敵です。しかも大久保は薩摩の舵取り役であり長州藩士にとっては憎んでも憎みきれない人物のはずな

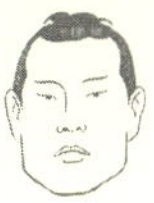

のです。あっさり木戸から離れて大久保につく身の軽さは時代の流れをよく見ていたといえます。主義主張にこだわらず、自分のボスもその時々の時代にあった人間を見つける、この変わり身の早さこそが伊藤らしいといえば伊藤らしく、大久保の腹心として活躍します。もう過激尊攘派ではありませんから暗殺仕事などはしませんでしたが、それでも 1873 年には征韓論（韓国への出兵）を唱える西郷を大久保の指示で政府から追放するよう水面下で動きます。

初代首相になる

うまく西郷を政府から追い出すことに成功し、親分である大久保の地位がより確固たるものになりますが 1877 年、西南戦争で西郷率いる反乱軍を鎮圧したあとに大久保も不平士族に暗殺されてしまいます。木戸はすでに病死していたので、いよいよ俺の番とばかりに伊藤は大久保の後釜に座り内務卿に就任します。内務卿といえば国内の治安に関する最高権力をにぎる立場ですから伊藤はこれで警察権力を掌握したことになりました。その後、1881 年に最大のライバルである大隈重信《おおくましげのぶ》を政府中枢から追い出し（明治十四年の政変）、1885 年には内閣総理大臣に就任します。

伊藤、暗殺される

これで名実ともに伊藤がトップに立ったわけですが、それは大久保や木戸でも出来なかったことでした。彼らの時にはまだ太政官制度が存在しており、公家が太政官となり表向きは日本の行政機関のトップにいたのです。伊藤はこれらを廃止して内閣制度を作ったのでした。

長らくの子分生活をやってきた伊藤ですが、遠慮すべき相手がいなくなると一気に自分がトップに立ったのです。その後も憲法創設のための機関、枢密院の議長を務め、首相に再任（第四次伊藤政権まであります）されます。しかし、1909年に満州を巡回中にハルビン駅頭で韓国人青年の安重根《あんじゅうこん》に暗殺されます。日本の韓国進出に抗議するためのものでした。自らも暗殺屋として藩の要人殺しに手を染めた伊藤は最後に自分も暗殺されてしまったのでした。

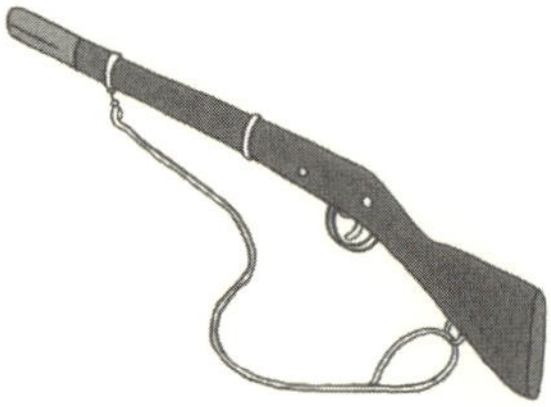

幕末略年表

1830年	天保元年	◆水戸藩主**徳川斉昭**が藩政改革に着手
1834年	天保五年	◆浜松藩主**水野忠邦**が老中に就任
1837年	天保八年	◆米国船モリソン号が浦賀に入港、浦賀奉行が砲撃 ◆大塩平八郎の乱
1839年	天保十年	◆蛮社の獄 ◆百目以上の鉄砲新鋳は届出制
1842年	天保十三年	◆異国船無二念打払令から薪水給与令に戻る ◆**佐久間象山**が海防のため海外事情を調査
1844年	弘化元年	◆オランダから国書が到来
1845年	弘化二年	◆オランダからの開国勧告を拒否 ◆海防掛を設置
1846年	弘化三年	◆米国船・東インド艦隊司令長官ビッドル、浦賀に入港し通商を求める
1847年	弘化四年	◆幕府が房総の警備強化を命じる ◆オランダがイギリス人の来航を予告
1848年	嘉永元年	◆異国船が頻々に出没 ◆**佐久間象山**が洋式野戦砲を鋳造
1851年	嘉永四年	◆土佐藩漂流民・中浜万次郎（ジョン万次郎）が米国船で琉球に上陸 ◆**島津斉彬**が藩主（薩摩藩）になる
1853年	嘉永六年	◆米国・東インド艦隊司令ペリーが浦賀に来航 ◆ロシア使節プチャーチンが長崎に来航 ◆老中首座・**阿部正弘**が開国について全国から意見を集める
1854年	安政元年	◆ペリー、軍艦７隻を率いて江戸湾に来航 ◆日米和親条約締結 ◆**吉田松陰**が弟子と共に黒船に乗り込む

1855年	安政二年	◆幕府が海防を目的として蝦夷地を直轄領にする ◆**阿部正弘**が老中首座を退く
1856年	安政三年	◆米国総領事ハリスが着任
1858年	安政五年	◆大老・**井伊直弼**が勅許を得ずに日米修好通商条約を締結。神奈川、長崎、新潟、兵庫が開港
1859年	安政六年	◆安政の大獄、**徳川斉昭**が蟄居、息子の一橋慶喜は謹慎を命じられる
1860年	万延元年	◆**勝海舟**、福沢諭吉、ジョン万次郎らが咸臨丸で米国へ出航 ◆**井伊直弼**が暗殺される（桜田門外の変） ◆**和宮**が14代将軍家茂の正室となる（和宮降嫁）
1862年	文久二年	◆**島津久光**の家臣が武蔵生麦でイギリス人を斬る（生麦事件） ◆**岩倉具視**が朝廷から追放される
1863年	文久三年	◆長州藩が関門海峡通過中の外国艦船を砲撃 ◆イギリス軍艦の鹿児島砲撃に対して薩摩藩応戦（薩英戦争） ◆長州藩が京都から追放される（八月十八日の政変）
1864年	元治元年	◆**新選組**により長州藩士を中心とする攘夷派志士が斬殺、捕縛される（池田屋事件） ◆長州藩が天皇奪取を計画し、京都に攻め込むが敗戦（禁門の変） ◆米国などの四国艦隊、長州藩の下関砲台を占拠 ◆第一次長州征伐
1865年	慶応元年	◆長州藩で**高杉晋作**が奇兵隊を率いて藩の権力を奪取 ◆**小栗上野介**の主導で横須賀に造船所を建設
1866年	慶応二年	◆**坂本龍馬**の仲介で**西郷**－**桂**会談によって薩長同盟が締結される ◆第二次長州征討 ◆徳川慶喜が第十五代将軍に就任

1867年	慶応三年	◆徳川慶喜が朝廷に将軍職返上を奏請（大政奉還） ◆王政復古の大号令
1868年	慶応四年	◆**天璋院**、**和宮**が慶喜の助命を官軍に嘆願 ◆**勝－西郷**会談により江戸城無血開城 ◆戊辰戦争
1868年	明治元年（9/8～）	◆江戸城が東京城と改められ皇居となる
1869年	明治二年	◆版籍奉還実施 ◆蝦夷地を北海道と改称
1870年	明治三年	◆奇兵隊で騒動が勃発するが鎮圧される（長州の脱隊騒動）
1871年	明治四年	◆**木戸孝允**以外の参議が辞任。**西郷隆盛**が参議に就任 ◆廃藩置県を行う
1872年	明治五年	◆**岩崎弥太郎**が三菱商会を設立
1873年	明治六年	◆徴兵令を発布 ◆内務省を設置、**大久保利通**、内務卿に就任 ◆**西郷隆盛**が征韓論を唱えて下野
1874年	明治七年	◆陸軍中将・西郷従道ら、台湾に上陸(台湾出兵)
1875年	明治八年	◆日本の軍艦が朝鮮江華島要塞を攻撃(江華島事件) ◆樺太千島交換条約調印
1876年	明治九年	◆廃刀令と士族の反乱
1877年	明治十年	◆西南戦争勃発。西郷軍と新政府軍、熊本の田原坂で激闘（田原坂の戦い）
1878年	明治十一年	◆内務卿**大久保利通**が東京紀尾井坂で暗殺される

※本文中の年齢は数え年です。

あとがき

歴史の評価は時代によって、人によって違ってきます。教科書に載るような表の話には必ず裏がありますし、統治者の視点に立った「上から目線」と庶民の目線では、大抵、評価は逆になります。

例えば、「江戸時代は徳川家による独裁政権が続き、鎖国政策のせいで海外との交流がほとんどなくなった日本は国家としての発展が遅れた」と言われることもあれば、「江戸幕府の成立によってそれまでの戦乱の時代から安定した世の中へと移り変わり、鎖国は外国による侵略から日本を守るのに役立ち、日本独特の文化が育った」と評価することもできます。

前者は、明治政府の影響が強い時代の評価であり、後者は戦後から最近の江戸時代に対する見方ですが、古い新しいの違いはあってもどちらかが絶対的に正しいとはいえません。それは明治維新についても同じです。武士が支配階級にあった時代から四民平等の時代へと移り変わったというプラスの面があれば同時に、支配階級は薩長出身者で固められており、実質的には徳川が薩長に変わっただけというマイナスの面も存在しています。

歴史やそれに対する評価というものはいつもプラス面やマイナス面をもっています。私たちが歴史を知ろうとするとき、ついつい、どちらか一方に引っ張られすぎることがあります。このあいだはあれだけかっこ良く描かれていた大河ドラマの主役が別の大河では嫌な脇役として書かれているなんてことはよくあることです。つまり、立場が変われば見方も変わる。評価する時代、人によって見方はさまざまに変わるということです。しかし、現代に生きる私たちが一方の評価にこだわる必要はありません。

人によって共感する意見、違和感を持つ評価はさまざまにあるでしょうが、それらを知ることによって歴史の深さ、広さを体感できるのではないでしょうか。

この本に出てくる人物たちもさまざまな立場で幕末を生きた人々です。彼らの中には自分の信念を貫いた人もいれば、時代に応じて考えを変えていった人もいます。

彼らに対して好き嫌いの感情を持つことは歴史に興味を持つ上で重要なことでしょう。しかし、それ以上に「知ってみる」というのはもっと歴史の面白さを感じるきっかけになります。

意外なことに知ってみると「嫌いだけど、その生き方は面白い」と思えることもあります。これまであまり興味のなかった、好きではなかった人物が、仕事が変わったり、子供を持ったりと、あなた自身の歴史が進んでいく中で、いつのまにかあなたの新しいヒーローになっているかもしれません。

人生の面白さがわかると人間の面白さが、人間の面白さがわかると人生の面白さが、なんとなくわかるような気がしませんか？

２０１０年8月　著者

山田淳一　やまだ・じゅんいち。1981年生まれ。中央大学法学部政治学科卒。著書『おとなの楽習／日本史のおさらい』。